Couvertures supérieure et inférieure en couleur

XAVIER DE MONTÉPIN

LE

TESTAMENT ROUGE

II

PARIS
E. DENTU, ÉDITEUR
LIBRAIRE DE LA SOCIÉTÉ DES GENS DE LETTRES
3, PLACE DE VALOIS — PALAIS-ROYAL

1888

LIBRAIRIE E. DENTU, ÉDITEUR, PALAIS-ROYAL

ROMANS DE XAVIER DE MONTÉPIN

Collection grand in-18 jésus, à 3 francs le volume.

LA SORCIÈRE ROUGE. 3 vol.	LA BALADINE. 2 vol.
LE VENTRILOQUE. 3 vol.	LES AMOURS D'OLIVIER. 2 vol.
LE SECRET DE LA COMTESSE. 2 vol.	SON ALTESSE L'AMOUR. 6 vol.
LA MAITRESSE DU MARI. 1 vol.	LA MAITRESSE MASQUÉE. 2 vol.
UNE PASSION. 1 vol.	LA FILLE DE MARGUERITE. 6 vol.
LE MARI DE MARGUERITE. 3 vol.	MADAME DE TRÈVES. 2 vol.
LES TRAGÉDIES DE PARIS. 4 vol.	LES PANTINS DE MADAME LE DIABLE. 2 vol.
LA VICOMTESSE GERMAINE (suite des Tragédies de Paris). 3 vol.	LA MAISON DES MYSTÈRES. 2 vol.
LE BIGAME. 2 vol.	UN DRAME A LA SALPÊTRIÈRE. 2 vol.
LA BATARDE. 2 vol.	SIMONE ET MARIE. 6 vol.
UNE DÉBUTANTE. 1 vol.	LE DERNIER DUC D'HALLALI. 4 vol.
DEUX AMIES DE St-DENIS. 1 vol.	LE SECRET DU TITAN. 2 vol.
SA MAJESTÉ L'ARGENT. 5 vol.	LA DEMOISELLE DE COMPAGNIE. 4 vol.
LES MARIS DE VALENTINE. 2 vol.	LES AMOURS DE PROVINCE. 3 vol.
LA VEUVE DU CAISSIER. 2 vol.	LA PORTEUSE DE PAIN. 6 vol.
LA MARQUISE CASTELLA. 2 vol.	LE CRIME D'ASNIÈRES. 2 vol.
UNE DAME DE PIQUE. 2 vol.	LE ROMAN D'UNE ACTRICE. 3 vol.
LE MÉDECIN DES FOLLES. 5 vol.	DEUX AMOURS. 2 vol.
LE PARC AUX BICHES. 2 vol.	P.-L.-M. 6 vol.
LE CHALET DES LILAS. 2 vol.	LA VOYANTE. 4 vol.
LES FILLES DE BRONZE. 5 vol.	LES FILLES DU SALTIMBANQUE. 2 vol.
LE FIACRE N° 13. 4 vol.	LES DESSOUS DE PARIS. 6 vol.
JEAN-JEUDI. 2 vol.	LE GROS LOT. 3 vol.

LE
TESTAMENT ROUGE

II

LIBRAIRIE E. DENTU, ÉDITEUR

DU MÊME AUTEUR

	fr.
Les Amours d'Olivier (suite et fin de la *Baladine*), 3ᵉ édit., 2 vol.	6
Les Amours de Province, 2ᵉ édit., 3 vol.	9
La Bâtarde, 3ᵉ édit., 2 vol.	6
La Baladine, 3ᵉ édit., 2 vol.	6
Le Bigame, 6ᵉ édit. 2 vol.	6
La Voyante, 2ᵉ édit., 4 vol.	12
I. — Blanche Vaubaron, 2 vol.	
II. — L'Agence Rodille, 2 vol.	
Le Crime d'Asnières, 4ᵉ édit., 2 vol.	6
I. — L'Entremetteuse.	
II. — La Rastaquouère.	
Le chalet des Lilas, 3ᵉ édit., 2 vol.	6
Une Dame de Pique, 3ᵉ édit., 2 vol.	6
Une Débutante, 3 édit., 1 vol.	3
La Demoiselle de Compagnie, 3ᵉ édit., 4 vol.	12
Le dernier duc d'Hailali, 3ᵉ édit., 4 vol.	12
Deux Amies de St-Denis, 4ᵉ édit., 1 vol.	3
Deux Amours, 4ᵉ édit., 2 vol.	6
I. — Hermine.	
II. — Odille.	
Un Drame à la Salpêtrière, 2ᵉ édit., 2 vol.	6
Le Fiacre nᵒ 13, 6ᵉ édit., 4 vol.	12
La Fille de Marguerite, 3ᵉ édit., 6 vol.	18
Les Filles de Bronze, 5ᵉ édit., 5 vol.	15
Les Filles du Saltimbanque, 2ᵉ édit., 2 vol.	6
I. — La Comtesse de Kéroual.	
II. — Berthe et Georgette.	
Jean-Jeudi, 5ᵉ édit., 2 vol.	6
Madame de Trèves, 8ᵉ édit., 2 vol.	6
La Maison des Mystères, 2ᵉ édit., 2 vol.	6
La Maîtresse du Mari, 5ᵉ édit., 1 vol.	3
La Maîtresse masquée, 3ᵉ édit., 2 vol.	6
La Marquise Castella 3ᵉ éd., 2 vol.	6
Le Mari de Marguerite, 14ᵉ édit., 3 vol.	
Les Maris de Valentine, 8ᵉ édit., 2 vol.	6
Sa Majesté l'Argent, 6ᵉ édit., 5 vol.	15
Le Médecin des Folles, 5ᵉ édit., 5 vol.	15
P.-L.-M., 3ᵉ édit., 6 vol.	18
I. — La Belle Angèle, 2 vol.	
II. — Rigolo, 2 vol.	
III. — Les Yeux d'Emma-Rose, 2 vol.	
Les Pantins de Madame le Diable, 4ᵉ édit., 2 vol.	6
Une Passion, 4ᵉ édit., 1 vol.	3
Le Parc aux Biches, 3ᵉ édit., 2 vol.	6
La Porteuse de Pain, 3ᵉ édit., 6 vol.	18
Le Roman d'une Actrice, 3ᵉ édit., 2 vol.	6
I. — Paméla des Variétés.	
II. — Madame de Franc-Boisy.	
Le Secret de la Comtesse, 5ᵉ édit., 2 vol.	6
I. — Le Capitaine des Hussards.	
II. — Armand.	
Le Secret du Titan, 2ᵉ édit., 2 vol.	6
Simone et Marie, 3ᵉ édit., 6 vol.	18
Son Altesse l'Amour, 4ᵉ édit., 6 vol.	18
La Sorcière Rouge, 4ᵉ édit. 3 vol.	9
Les Tragédies de Paris, 7ᵉ édit., 4 vol.	12
Le Ventriloque, 4ᵉ édit. 3 vol.	9
I. — L'assassin de Mariette.	
II. — La femme du Prussien.	
III. — Le Mari et l'Amant.	
La Veuve du Caissier, 8ᵉ édit., 2 vol.	6
La Vicomtesse Germaine, 7ᵉ édit., 3 vol.	9

ÉMILE COLIN. — IMPRIMERIE DE LAGNY.

XAVIER DE MONTÉPIN

LE
TESTAMENT ROUGE

II

PARIS
E. DENTU, ÉDITEUR
LIBRAIRE DE LA SOCIÉTÉ DES GENS DE LETTRES
PALAIS-ROYAL, 15-17-19, GALERIE D'ORLÉANS
ET 3, PLACE VALOIS

1888

(Tous droits de traduction et de reproduction réservés)

LE TESTAMENT ROUGE

PREMIÈRE PARTIE

PASCAL SAUNIER

(Suite)

XXV

Madame de Chatelux, très émue, sentait, elle aussi, ses yeux devenir humides.

— Calmez-vous, mon cher Raymond, — dit-elle au bout d'un instant, d'une voix mal assurée, — grâce au ciel ce que vous venez de dire, ce qui vous cause une si profonde terreur ne se réalisera jamais !
— Paul vous aime de toute son âme et vous aimera toujours... — Pourquoi cesserait-il de vous aimer ?
— Pourquoi vous mépriserait-il ? — Si quelque lointain écho du passé arrivait jusqu'à lui, il vous suffirait de lui apprendre le motif de votre condamnation, et au lieu de vous mépriser il vous admirerait, il vous bénirait, il vous remercierait à genoux d'avoir vengé l'honneur de sa mère outragée !!

— Le croyez-vous vraiment, madame? — s'écria Raymond avec élan.

— Non seulement je le crois, mais j'en ai la certitude absolue.

— Que Dieu vous entende!! — Vos paroles me rendent un peu de courage, et cependant mieux vaudrait encore mille fois le silence sur le passé mort...

— Eh bien! causons du moyen à employer pour obtenir qu'une libération définitive vous remette complètement en possession de vous-même... — Qu'y a-t-il à faire?

— Adresser une requête au ministre de la justice et la faire mettre sous les yeux du préfet de police...

— Et vous espérez que cette requête atteindra son but?

— Assurément elle ne l'obtiendrait pas si j'étais seul à la présenter... — Je ne m'illusionne point à cet égard... — On me répondrait, sans le moindre doute, qu'en ouvrant les portes de ma prison on a déjà fait beaucoup pour moi, et que je dois m'estimer heureux d'accomplir jusqu'au bout les clauses du pacte... — il n'en sera pas de même si elle est fortement appuyée... — En un mot la requête, sans valeur par elle-même, en prendra par les apostilles...

— Eh bien! Raymond, nous ferons le nécessaire

pour avoir ces précieuses apostilles... — je connais un certain nombre de personnages influents, bien en cour, amis du pouvoir... — je les verrai personnellement, je leur demanderai leur appui, et certes ils ne me le refuseront pas...

— Oh! madame, madame, — bégaya le visiteur remué jusqu'aux moelles par ces paroles qui lui faisaient entrevoir le salut, — combien vous êtes bonne et combien j'avais raison de compter sur vous!... comment vous témoigner jamais toute ma reconnaissance?...

— Ne parlons pas de cela, Raymond.. — interrompit madame de Chatelux vivement.

— Au contraire, parlons-en, madame! — Comment ne point en parler quand vous avez déjà tant fait pour moi et quand mon cœur m'étouffe, débordant de gratitude? — Lorsque j'étais prisonnier, c'est vous qui daigniez veiller au chevet de ma pauvre femme mourante, c'est vous qui vous chargiez de mon fils! — Si j'ai revu Paul, c'est à vous que je le dois, à vous et au comte de Thonnerieux, votre digne collaborateur pour le bien! — C'est vous qui, après avoir fait élever mon fils, avez payé la plus grande partie des frais de son éducation. — C'est vous qui m'avez aidé à lui donner le savoir, à faire de lui un homme et un honnête homme!... — Oh! madame, de ces choses-là on parle toujours, et devant ceux qui les ont accomplies, on en parle à genoux comme on parle au bon Dieu!!...

Raymond, en effet, s'était laissé tomber aux pieds de la comtesse en s'emparant d'une de ses mains qu'il couvrait à la fois de respectueux baisers et de larmes brûlantes.

— Relevez-vous, mon ami, — dit madame de Chatelux qui ne pouvait, elle aussi, dominer son émotion. — Relevez-vous, je le veux, et maintenant occupons-nous de Paul... — il est grandement temps de prendre une décision relativement à son avenir... — Qu'avez-vous résolu ?

— Demandez-moi plutôt ce qu'il a résolu lui-même, car je l'ai consulté comme c'était mon devoir, me réservant seulement le droit de conseil.

— Eh bien ?

— J'aurais voulu lui voir embrasser la carrière du professorat, mais son penchant le pousse vers les sciences exactes... il désirerait entrer à l'Ecole polytechnique.

— Comme mon fils Fabien... — L'affection que ces deux enfants ont l'un pour l'autre leur a donné les mêmes goûts.

— Je le crois aussi, madame...

— Il n'y a, ce me semble, qu'à les féliciter tous deux de leur vocation... La voie qu'ils se proposent de suivre est une des plus belles... Une de celles qui conduisent les hommes au premier rang... — Rien ne leur manquera d'ailleurs pour soutenir ce rang, car vous n'ignorez point que Paul et Fabien, nés le même jour que la fille regrettée de M. de Thonnerieux, seront enrichis, le jour de leur majorité, par les libéralités du comte...

— Je ne veux point songer à cela, madame..: — Certes, je ne méprise pas la fortune, mais je ne la considère pas non plus comme le bien suprême... — J'ai élevé Paul dans l'idée que le travail est le but de la vie, le premier des devoirs ; qu'avec le travail on n'a jamais rien à craindre de la misère et l'on peut même devenir riche. .

— Vous avez raison, mon ami, ce qui ne m'empêche point de soutenir que la fortune ne gâte rien, au contraire, quand on sait en faire un bon usage...

— Certes, madame, mais il est des malheurs que la fortune ne peut modifier... — Ce n'est pas de l'argent qu'il nous faut, à mon fils et à moi, c'est ma liberté complète... Il faut que j'aie le droit de disparaître... il faut que personne au monde ne puisse parler à Paul du passé... — Je suis certain d'être un honnête homme... — La justice humaine, aveugle ce jour-là, ne m'en a pas moins frappé comme un misérable!! — J'étais un justicier, un vengeur... Elle a fait de moi un assassin, un reclusionnaire, quelque chose de vil et d'infâme, un réprouvé dont le casier judiciaire est taché de sang... — Cela, madame, grâce au ciel, mon fils ne le sait pas... je veux qu'il l'ignore à jamais ! !

En ce moment un bruit de marche rapide se fit entendre dans le vestibule.

La porte du salon s'ouvrit brusquement pour laisser entrer Fabien de Chatelux et Paul Fromental.

Ils étaient livides tous les deux, et tous les deux avaient les paupières rougies.

La comtesse courut à son fils.

— Qu'as-tu, Fabien ? — s'écria-t-elle, — On croirait que tu as pleuré...

En même temps, Raymond disait à son fils :

— Comme tu es pâle !... Es-tu souffrant ?...

Les deux jeunes gens restaient silencieux. — Il semblait que la pensée de répondre leur faisait peur.

Madame de Chatelux, saisie d'une angoisse indicible, reprit :

— Que vous est-il donc arrivé ?... qu'allez-vous nous apprendre ?...

— Un grand malheur pour vous comme pour nous, ma mère.. — balbutia Fabien, — un malheur qui, s'il n'est point imprévu, n'en est pas moins terrible... Nous venons de perdre un ami bien cher...

— Le comte de Thonnerieux ?... — firent en même temps la comtesse et Raymond haletants.

Ce fut Paul Fromental qui répliqua d'une voix brisée :

— Notre ami, notre protecteur, le comte de Thonnerieux, est mort...

Un double cri de surprise et de douleur, poussé par la comtesse et par Raymond, accueillit ces paroles.

Madame de Chatelux se laissa tomber à genoux.

— Cher et fidèle ami, — bégaya-t-elle en sanglotant, — il est allé rejoindre celles que rien ne pouvait remplacer dans son cœur et qu'il n'a jamais cessé de pleurer, sa femme et sa fille !... — Il est heureux maintenant, près de ses chères mortes, aux pieds de Dieu, et la douleur est pour ceux qui restent !

Raymond et les deux jeunes gens, la tête baissée, les yeux pleins de larmes, pensaient à ce noble vieillard, à qui la mort des siens avaient fait tant de mal, tandis qu'il faisait, lui, tant de bien sur la terre, à ce vieillard qu'ils aimaient, et qu'ils ne reverraient plus... jamais plus...

*
* *

Le matin de ce jour de deuil, Pascal Saunier entra de bonne heure dans la chambre qu'occupait Jacques Lagarde à l'hôtel du *Parlement*.

— As-tu bien dormi? — lui demanda Jacques en riant.

— J'ai bien dormi, — répondit Pascal, — et j'ai fait d'agréables rêves... des rêves de fortune...

— Bah! tout songe est mensonge!...

— Tu verras que les miens se réaliseront...

— Je ne demande pas mieux, puisque de cette richesse je dois avoir ma part...

— C'est comme si tu l'avais! — il est temps de partir.

— Où donc allons-nous?

— A la recherche d'une maison de campagne.

— As-tu quelque endroit déterminé?

— Aucun... — Nous allons descendre au restaurant de l'hôtel et, tout en prenant une tasse de chocolat, nous jetterons un coup d'œil sur le *Moniteur des ventes et des locations*, qui nous indiquera très certainement notre affaire. — As-tu prévenu Marthe que nous nous absentions?...

— Non... — Tout à l'heure elle n'était pas encore réveillée... — Je vais lui laisser un mot.

— Inutile... — Angèle doit arriver ici pour l'heure du déjeuner... — Elle lui expliquera le motif de notre sortie matinale et lui tiendra compagnie jusqu'à notre retour...

Les deux hommes descendirent au restaurant, et en même temps que le chocolat demandèrent au garçon qui les servait le journal dont nous avons entendu Pascal citer le titre, et qui leur fut aussitôt apporté.

L'ex-secrétaire du marquis de Thonnerieux se mit à le parcourir.

Tout à coup, il poussa une exclamation de joie.

— Tu as trouvé? — lui demanda Jacques.

— Je le crois.

— Où?...

— Sur les bords de la Marne, près de Port-Créteil... — Si, comme cela me paraît plus que probable d'après les détails que je viens de lire, il s'agit d'une propriété que je connais depuis longtemps, nous ne saurions trouver mieux... — L'habitation est jolie, le petit parc bien ombragé et entouré d'eau par deux bras de la Marne... — l'entrée donne sur la route de Gravelle à Saint-Maur... — La maison est à vendre ou à louer, toute meublée.

— Le prix?

— De vente, quatre-vingt mille francs... — De location, six mille...

— Sans doute on ne voudra pas louer pour moins d'un an...

— On nous dira ça là-bas, où nous nous adresserons au jardinier chargé de faire visiter et dont je note l'adresse sur mon agenda. — Achève ton chocolat et filons au chemin de fer... — En moins d'une heure nous serons arrivés... — As-tu de l'argent sur toi ?...

— Oui, plus qu'il ne nous en faudra pour conclure, si la maison nous plaît.

Les deux hommes sortirent, prirent une voiture à la station de la Madeleine, et en vingt minutes arrivèrent à la gare, au moment où le train allait partir.

Ils n'eurent que le temps de se faire délivrer des tickets, de monter dans un compartiment de première classe, et la vapeur les emporta sur la ligne de Brie-Comte-Robert.

La maison qu'allaient visiter Pascal et Jacques devant servir de théâtre à des scènes très importantes de notre récit, il est nécessaire d'en donner une description aussi rapide que possible, mais cependant précise.

Arrivés à Saint-Maur, les deux voyageurs se firent indiquer la demeure du jardinier chargé de montrer la propriété. — Ils le trouvèrent chez lui et il les conduisit aussitôt à la villa dont la grille, nous l'avons dit, s'ouvrait sur la route de Gravelle.

A droite et à gauche, deux bras de la Marne enserraient le petit parc.

L'habitation, de style Renaissance, ressemblait à un château en miniature et reflétait ses toits d'ardoise dans un lac également en miniature, à qui les pelouses soigneusement entretenues faisaient un cadre d'un vert d'émeraude.

C'était bien la maison que Pascal connaissait de longue date et qui, par sa situation même, se trouvait dans un isolement complet.

Après avoir visité l'intérieur, bien distribué et très confortablement meublé, les deux complices et leur guide passèrent dans le parc et longèrent les rives des deux bras de la Marne, formant une ceinture liquide à la propriété.

Dans la berge du bras de gauche un escalier rustique, solidement construit, permettait de descendre jusqu'à une embarcation amarrée à un poteau.

Sur les sommets des talus dominant l'eau, poussaient, très touffus, des saules, des trembles et des vernes, dont l'humidité de la rivière prochaine rendait la végétation luxuriante, et qui constituaient une épaisse muraille de verdure que nul œil indiscret ne pouvait percer.

Seule, la rive de la Marne faisant face au chemin de halage était moins boisée mais, taillée à pic, elle rendait une escalade à peu près impossible, et dans tous les cas très périlleuse.

Jacques, aussi bien que Pascal, examinait avec soin la propriété, et se rendait compte des avantages qu'elle réunissait à leur point de vue particulier.

Ils échangèrent un coup d'œil, puis Pascal demanda au jardinier servant de guide :

— Vous connaissez les conditions de la location?

— Oui, monsieur.

— Quelles sont-elles?

— Le propriétaire ne loue pas pour moins d'un an, et il faut payer d'avance, de six mois en six mois...

— Si, après avoir habité, on se décidait à acheter, les sommes payées pour le loyer seraient à déduire du prix d'acquisition, qui est de quatre-vingt mille francs.

— Où doit-on s'adresser pour traiter?

— Chez le notaire de Joinville; y demeurant, rue du Pont...

Vingt minutes après Jacques et Pascal entraient dans l'étude, et en ressortaient munis d'une quittance en règle de six mois, payés d'avance, pour la location d'une villa dénommée dans l'acte : *Le Petit Castel.*

— Marthe sera là comme à cent lieues de Paris, — dit Jacques, — et parfaitement invisible pour les yeux indiscrets, jusqu'au jour où nous la produirons sous les feux des lustres dans les salons du célèbre docteur américain Thompson!...

— Oui, — répliqua l'ex-secrétaire du comte de Thonnerieux, — et si nos affaires marchent bien, je ne vois pas pourquoi nous n'achèterions point cette villa qui est charmante, et nous offrirait au besoin un asile, un refuge à peu près introuvable...

— Je suis de ton avis, — reprit le médecin en riant, — mais pour cela, comme tu viens de le dire, il faut que nos affaires marchent bien... — Or, en ce moment, l'argent file avec une étonnante rapidité, mais il ne rentre pas! — il serait grandement temps de rendre visite au gisement d'or que tu connais...

— Je compte, dans quelques heur.s, y puiser à pleines mains...

— Cette nuit alors?

— Oui, cette nuit.

XXVI

Un moment de silence suivit ces paroles, puis Jacques demanda :

— Quand es-tu d'avis d'installer Marthe au *Petit Castel?*

— Je suis d'avis de l'installer ce soir même... — répondit Pascal, — tu te chargeras de l'amener avec Angèle. — Moi, je resterai à Paris, tu sais pourquoi. — Angèle voudra bien apporter le linge nécessaire pour quelques jours, et tiendra compagnie à Marthe qui s'ennuierait seule...

— Ne viendrons-nous pas les rejoindre?...

— Cela dépendra du résultat de ma visite aux lingots d'or...

— Dans tous les cas Angèle et Marthe ne peuvent s'occuper de certaines besognes... il leur faut une servante...

— J'y ai pensé déjà et cela me préoccupe... —

Rien de plus dangereux que les serviteurs dans une maison dont les maîtres ont besoin de s'entourer de mystère... — Il faudrait tout au moins une personne de confiance.

— Où trouver cette personne ?

— J'en parlerai à Angèle. — Elle est femme de ressource et très débrouillarde...

En causant ainsi, les deux hommes arrivèrent à la gare.

On signalait le train.

Ils prirent vivement leurs billets, et vingt-cinq minutes plus tard ils mettaient pied à terre à la gare de Paris.

— Une heure, déjà ! — s'écria Pascal en consultant sa montre. — Déjeunons dans le premier restaurant qui se trouvera sur notre chemin, et retournons ensuite à l'hôtel. — Angèle et Marthe doivent se demander avec un commencement d'inquiétude ce que nous sommes devenus... — Nous les rassurerons et nous leur dirons de se préparer au départ.

Vers deux heures et demie Pascal et Jacques rentraient dans l'appartement loué par eux à l'hôtel du *Parlement*.

— Eh bien ! cousin, — demanda Angèle, — avez-vous trouvé ce que vous cherchiez?

— Nous avons trouvé, oui, cousine, — répondit Jacques.

— Est-ce mignon?...

— Tout ce qu'on peut rêver de plus joli! — un nid charmant caché sous des feuillages et presque entouré d'eau... — Une merveille!!! — Notre chère Marthe, en attendant l'installation définitive, sera mille fois mieux là qu'à Paris. — Elle aura de plus le grand air et la liberté dont elle ne peut jouir ici...

— Ah! docteur, que vous êtes bon pour moi, — murmura l'orpheline à qui Jacques inspirait une sympathie et une reconnaissance sans cesse grandissantes, justifiées d'ailleurs par les prévenances affectueuses dont il l'entourait. — Vous avez toutes les délicatesses.

Angèle reprit :

— Et ce nid si joli où est-il situé?

— Sur les bords de la Marne, pas loin de Joinville-le-Pont.

— Bravo! j'adore la Marne. — Elle fournit des fritures inénarrables! — Quand partirons-nous?

— Aujourd'hui même, si vous n'y voyez point d'obstacles.

— Quels obstacles pourrait-il y avoir? — Va pour aujourd'hui.

Jacques continua :

— Je vous laisse le soin, chère cousine, de vous munir de linge et des menus objets qui ne font point partie du mobilier d'une villa...

— Soyez paisible, cousin, ça me connaît... je me charge de tout.

— Je crois, — dit Pascal, — qu'il serait urgent aussi de se munir d'une domestique... et même de deux, car la propriété est vaste et située un peu loin des approvisionnements. — Il faudra s'occuper de l'intérieur... soigner le jardin... ce ne sera pas trop de deux personnes...

— Eh bien ! nous causerons de cela tout à l'heure...

Et Angèle fit un signe à Pascal qui n'insista pas.

Depuis quelques secondes Marthe était devenue rêveuse.

— A quoi pensez-vous, chère enfant? — lui demanda Jacques.

— Je pense, — répondit-elle, — je pense à ma pauvre mère bien-aimée qui ne partagera pas mon bonheur, car je vais être heureuse, bien heureuse, en me trouvant en pleine campagne, près de l'eau, sous les grands arbres, respirant le bon air pur tout chargé du parfum des fleurs...

— Vous aimez la campagne?...

— Je l'adore... — J'ai toujours rêvé de l'habiter... et mon rêve va se réaliser pour la première fois...

— Malheureusement vos jouissances seront de courte durée, car nous serons obligés bientôt de revenir à Paris...

— J'y reviendrai sans me plaindre, avec les souvenirs des quelques jours passés selon mes goûts...

— Paris vous déplait-il?

— Je ne le connais pas... Je l'ai quitté si jeune... Mais tel que je viens, non de le voir mais de l'entrevoir, il me trouble, il m'étourdit... — Ce bruit, ce mouvement, cette fièvre continuelle qui semble agiter tout le monde, me font presque peur... Combien je préfère l'existence calme de la province à la vie ardente des Parisiens!

— Cette vie, chère enfant, c'est celle que nous mènerons forcément... — Il faudra bien vous y faire...

— Je m'y ferai, docteur... — répondit Marthe en poussant un soupir involontaire.

Jacques reprit :

— Rassurez-vous, d'ailleurs; nous aurons aussi nos heures de calme, et pour vous les rendre plus agréables, nous irons les passer avec vous au *Petit Castel*. C'est le nom de la villa que vous allez habiter...

— Oui... oui... tout sera pour le mieux! — dit Angèle en intervenant, — mais il s'agit, ma chère Marthe, de nous apprêter à partir... — Je vais à la maison chercher le linge et les petits bibelots qu'il nous faut... — Je ne moisirai pas en route... — Dans une heure à peu près je serai de retour ici avec mon *baluchon...* — Marthe, passez-moi le mot... ce n'est pas du français, *baluchon*, c'est du parisien...

— Moi je serai bientôt prête! — s'écria l'orpheline.

Et, presque joyeuse, elle rentra dans sa chambre.

Lorsqu'elle eut disparu, Pascal se rapprocha d'Angèle.

— Revenons à la question des domestiques, — lui dit-il. — Nous aurons besoin d'en avoir deux; mais il nous faut des gens absolument sûrs, ne pouvant devenir un danger pour nous par leur curiosité et par leur bavardage.

— J'ai votre affaire... — répliqua vivement Angèle. — Un ménage qu'on croirait fait sur commande tout exprès pour nous.. Ce sont des Alsaciens... Le mari a opté pour la nationalité française... Ils parlent assez mal le français et ne savent pas le premier mot de la vie parisienne... — Voici quelques jours seulement qu'ils sont arrivés, m'apportant une lettre de recommandation de ma sœur qui habite Colmar... Le mari est jardinier et sait soigner et conduire un cheval. La femme est cuisinière et bonne à tout faire... Ma sœur m'écrit qu'elle cuisine assez proprement.

— Ça nous convient le mieux du monde.

— N'est-ce pas?

— Peux-tu les voir tout de suite?

— Oui, car j'ai l'adresse du *garni* où ils campent,

et je sais qu'ils ne sortent pas... du moins tous les deux à la fois...

— Eh bien ! entends-toi avec eux sur la question des gages, et en revenant, amène-les... — il faut les installer là-bas en même temps que vous... — Ce que nous te recommandons par-dessus tout, c'est la plus grande réserve dans le village voisin... — Nous tenons à ce que Marthe sorte le moins possible... — Le jardin est grand et doit lui suffire.

— Sois paisible ! ! — Est-ce que vous n'habiterez pas avec nous ?...

— Cela dépend de diverses choses qui ne sont pas encore accomplies...

— Mais au moins vous nous conduirez ?...

— Le docteur oui.

— Pourquoi pas toi ?

— Parce que je reste à Paris, où de sérieuses affaires me retiennent...

— Pas des affaires de femmes, au moins ?? — s'écria Angèle.

Sans répondre à ce cri du cœur, Pascal haussa les épaules et reprit :

— Nous déciderons demain, le docteur et moi, si nous irons vous retrouver là-bas... — Maintenant, file vite... — Il est trois heures... — il faudra être avant la nuit au *Petit-Castel*, afin que vous ayez le temps de vous reconnaître.

— Je serai ici vers cinq heures... — dit Angèle.
Puis elle partit.

— Ne nous accompagneras-tu pas jusqu'au chemin de fer? — demanda Jacques à Pascal.

— Non... je dois aller mettre de l'ordre dans mon logement de la rue de Puébla.

— Il me semble qu'il serait prudent de transporter au *Petit-Castel* tout ce qui se trouve dans ce logement... — Les gens qui louent des maisons de campagne de six mille francs sont infiniment plus à l'abri des soupçons que les locataires de mansardes de cent écus...

— En principe, tu as certainement raison, mais je ne veux rien décider avant de connaître les ressources dont nous allons disposer, et la tournure que prendront nos affaires... — D'ailleurs nous n'aurons pas longtemps à attendre... dès demain, nous serons fixés...

— Où nous retrouverons-nous?

— J'allais précisément te poser cette question...

— Tu coucheras au *Petit-Castel*?

— Oui.

— Très bien. Mais commme je ne sais pas ce qui peut arriver dans l'aventure de cette nuit, je voudrais que tu sois à Paris demain de très bonne heure...

— C'est facile... — Je reviendrai par le premier train et, si tu n'es pas rentré, je t'attendrai ici...

— Convenu... — à demain donc...

Et Pascal Saunier quitta Jacques pour se rendre rue de Puébla.

A cinq heures moins quelques minutes, Angèle arrivait à l'hôtel du *Parlement* dans un grand fiacre à galerie chargé de trois caisses contenant du linge et divers ustensiles de table et de ménage.

Ce fiacre, pris à l'heure, allait la conduire avec Marthe et le docteur à la gare, où les deux domestiques alsaciens engagés par elle devaient la précéder.

L'orpheline était prête depuis longtemps.

On joignit sa petite malle aux trois caisses de l'ex-marchande à la toilette et l'on partit pour le chemin de fer.

Retournons à l'hôtel de Thonnerieux.

La chambre du comte Philippe, — nous le savons déjà, — avait été transformée en chapelle ardente où tous les domestiques de la maison venaient à tour de rôle prier auprès des religieuses.

Jérôme s'était rendu à l'administration des pompes funèbres pour demander qu'on envoyât sans retard à l'hôtel une bière de chêne doublée de plomb, afin de pouvoir y déposer le corps du défunt, auquel ses amis ne manqueraient pas de venir apporter un dernier adieu, rendre un dernier hommage.

Cette bière, contenant la dépouille mortelle du comte, avait été placée sur des tréteaux au milieu de la pièce, puis on l'avait dissimulée sous des crêpes de deuil, et le visage seul de Philippe de Thonnerieux était resté découvert.

Autour du cercueil brûlaient des cierges.

Le convoi commandé par le vieux valet de chambre devait être de première classe.

Dès la première heure, le lendemain, la porte de l'hôtel serait tendue de noir et surmontée des armoiries du défunt, et sous la voûte, également tendue, le cercueil reposerait jusqu'au moment du départ du convoi.

Vivant, le comte recevait peu de monde, et sur la vaste maison planait une atmosphère de mélancolie.

Depuis que la mort, une fois de plus, venait de frapper l'hôtel et d'emporter son dernier maître la plus sombre tristesse avait remplacé la mélancolie, et les serviteurs hébétés par le chagrin erraient comme des âmes en peine.

A onze heures du soir, chacun se retira dans sa chambre.

Jérôme lui-même, brisé de fatigue et de douleur, alla prendre un peu de repos.

Seules, Benoîte Mercier et Ursule Arnaud, les anciennes femmes de chambre de la comtesse et de sa fille, ne voulurent pas quitter le cercueil et décidèrent qu'elles se relayeraient d'heure en heure auprès du mort.

Ce fut Benoîte Mercier qui prit la veillée à onze heures.

Ursule demeura dans la chambre voisine en attendant que son tour arrivât.

Laissons à leur devoir pieux les servantes fidèles et rejoignons Pascal Saunier rue de Puébla, dans le logement que nous connaissons.

Après avoir débouclé deux malles, l'ex-secrétaire du comte de Thonnerieux en avait rangé le contenu sur le plancher.

C'étaient des pierres lithographiques, des panneaux de bois de poirier, de cerisier et de buis, des compas, des règles, des burins, des instruments de chimie, et un assez grand nombre de bocaux soigneusement étiquetés.

Il avait tiré d'une troisième tout un assortiment de costumes de différentes sortes, faits à sa taille et rendant faciles les transformations.

Mais sans doute, au milieu de cette multitude de choses variées, il ne trouvait point l'objet, but spécial de ses recherches, car après avoir ébauché un geste d'impatience il se mit en devoir d'ouvrir une autre malle et d'examiner minutieusement ce qu'elle contenait.

Elle renfermait surtout des papiers du milieu desquels Pascal exhiba une liasse ficelée qu'il feuilleta.

— Puisque cela me tombe sous la main, — murmura-t-il, — je vais le mettre de côté... — je trouverai là-dedans le diplôme américain du docteur Thompson...

Il jeta la liasse sur un meuble et recommença ses recherches.

Tout en continuant cette besogne, il grommelait entre ses dents :

— Tonnerre du diable!... — Je ne les trouve pas!... — je suis bien certain cependant de les avoir glissées dans l'une de ces malles qui n'ont point été fouillées pendant que j'étais *là-bas!*... — Comment se fait-il que je cherche en vain ?...

Il acheva de vider la caisse. — L'objet demandé n'apparaissait point.

Son impatience devint de la colère et se mêla d'angoisse, tandis qu'il ouvrait une valise, la dernière.

Enfin, il poussa un cri de joie.

Ses doigts venaient de rencontrer, sous un paquet de linge, le *desideratum*.

C'était un trousseau de clefs retenues par un anneau brisé.

— Voilà donc le *Sésame* qui semblait introuvable! — fit-il avec un soupir d'allègement; — je n'ai pas besoin de visiter le reste et il ne s'agit plus, désormais, que d'attendre le moment d'agir.

Pascal regarda sa montre.

Elle indiquait sept heures.

Il descendit et alla dîner dans un restaurant de Belleville.

A neuf heures, il rentrait dans sa chambre.

— Trop tôt pour partir... — se dit-il. — J'ai donc le temps de vérifier la liasse mise de côté...

XXVII

Pascal Saunier s'assit devant son bureau et dénoua la ficelle rouge attachant le paquet que nous l'avons vu tirer de l'une de ses caisses.

Ce paquet se composait d'anciens passeports de toute sorte, et de diplômes à différents noms.

Dans la masse, il en choisit un et le déplia entièrement.

C'était un diplôme de docteur délivré par l'académie de médecine de New-York à James Thompson, sujet américain.

— Je n'avais pas oublié le nom, — dit à mi-voix Pascal, en lisant le brevet. — James Thompson, né à Philadelphie, âgé de quarante ans... — Quarante ans ! — murmura-t-il en interrompant sa lecture, — ça va vieillir un peu mon brave ami Jacques Lagarde ! — Ah ! bah ! qu'importe après tout ?... Ça lui donnera plus de poids... plus de sérieux !... — Du reste, il n'aura nul besoin de dire son âge...

Après un instant de réflexion il poursuivit, tout en repliant le parchemin :

— Certes, lorsque je ramassai ce diplôme, avec le portefeuille du pauvre diable que je trouvai il y a cinq ans au milieu d'un fourré du bois de Boulogne, une balle dans la tête et un revolver dans la main droite, je ne me doutais guère qu'il pourrait m'être utile un jour...

» L'identité du suicidé n'a pas été reconnue, je m'en souviens... — Elle n'aurait pu l'être que par ce papier... — L'enquête faite à son sujet n'a point abouti, et même les journaux ont profité de cet insuccès pour railler agréablement la police... — Le docteur Thompson n'a donc pas à craindre qu'on vienne lui réclamer la peau dans laquelle il va se glisser.

« Lorsque nous serons à même de procéder à notre installation et de prendre pied en plein Paris, je lui confectionnerai un passe port absolument en règle qui tromperait les experts les plus malins... et vogue la galère !... — Quant à moi, je défierais bien n'importe qui de m'inquiéter au sujet de mon changement de nom... — il me plaît de prendre le nom de ma mère, personne n'a rien à y voir...

Pascal serra le diplôme dans un des tiroirs de son bureau.

Il était onze heures.

— Encore un peu trop tôt — se dit le jeune homme — mais tout en flânant je gagnerai le boulevard où j'attendrai minuit. — A minuit, je prendrai le chemin du gisement aux lingots d'or. — Pour le quart d'heure, il faut de la prudence, et beaucoup. — Je ne dois rien garder sur moi qui puisse dans un cas donné devenir pièce à conviction contre moi, par conséquent je laisse ici mon portefeuille, mon porte-monnaie, ma montre et cette bague... — Quant à mes boutons de manchettes, ils sont en nacre, sans initiales, et ne pourraient servir d'indice si je venais à les perdre là-bas... chose d'ailleurs bien invraisemblable... — Mon mouchoir de poche n'est point marqué... — Je vais échanger mon chapeau contre une casquette achetée jadis en province chez un chapelier qui ne me connaissait point et ne m'a jamais revu...

» Maintenant il faut tout prévoir... on ne sait pas ce qui peut arriver... Je veux rester libre... — Tant pis pour quiconque me surprenant aurait la maladresse de me mettre la main au collet! — Dans ma poche un couteau solide... le revolver fait trop de bruit...

Tout en monologuant ainsi, Pascal avait déposé sur son bureau les différents objets qu'il venait de nommer successivement.

Il glissa quelques louis et de la monnaie blanche

dans son gousset, se coiffa d'une casquette dont l'allure provinciale était indiscutable, et prit sur la cheminée un couteau catalan qu'il ouvrit et dont il constata la force.

— De quoi m'éclairer... — continua-t-il en allant chercher en un coin de la chambre une toute mignonne lanterne sourde. — Voilà mon affaire... — La lanterne est garnie d'une bougie neuve plus longue qu'il ne faut pour le temps que je passerai là-bas...

Pascal referma la lanterne et la plaça dans la poche de côté d'un ample pardessus de demi-saison qu'il endossa.

Il se précautionna d'allumettes, n'oublia point le trousseau de clefs dont la recherche lui avait donné tant de mal, puis, muni de tout cela, éteignit sa bougie et sortit de la chambre en refermant derrière lui la porte à double tour.

La concierge lui tira le cordon.

Une fois dehors, il se dirigea d'un pas rapide vers la rue de Lafayette qu'il descendit dans toute sa longueur, et gagna les boulevards par la rue Laffitte.

On était aux premiers jours de juin.

Des soirées belles et tièdes succédaient à des journées chaudes.

Une foule nombreuse cherchait dans les rues une fraîcheur relative qu'elle n'y trouvait point.

Les amateurs altérés de sodas et bocks se disputaient les chaises et les tables à la terrasse des cafés.

Sur les trottoirs les promeneurs formaient des files serrés, et les voitures, aussi nombreuses qu'en plein jour, encombraient la chaussée.

Pascal suivit le boulevard jusqu'à la Madeleine et prit la rue Royale.

A une heure du matin il se promenait encore dans les Champs-Elysées, fumant son quatrième cigare.

Les voitures ne roulaient plus guère, et les passants devenaient rares.

Le jeune homme revint sur ses pas dans la direction de la place de la Concorde, traversa le Pont-Royal, longea les quais depuis la Chambre des députés jusqu'au Palais des beaux-arts et s'engagea dans la rue Bonaparte.

Deux heures sonnaient à l'horloge de la mairie du sixième arrondissement au moment où il déboucha sur la place Saint-Sulpice.

Là, tout était silencieux. — Pas un être vivant, — pas une voiture et, comme si le diable voulait venir en aide à Pascal, de gros nuages noirs, poussés par un vent chaud, couvraient le ciel, et quelques éclairs précurseurs de l'orage jetaient par intervalles leurs clartés blanches sur les deux tours inégales de la vieille église.

Le complice de Jacques Lagarde remonta la rue Bonaparte jusqu'à la rue de Vaugirard, s'arrêta, lança un coup d'œil interrogateur à droite et à gauche, puis, certain que personne ne s'approchait, retourna brusquement sur ses pas, tout en tirant de sa poche le trousseau de clefs, et vint faire halte devant la petite porte de service pratiquée dans la haute muraille du jardin de l'hôtel de Thonnerieux.

— Pourvu, — se dit-il en cherchant à introduire une des clefs dans la serrure, — pourvu que depuis quatre ans on n'ait pas changé le système de fermeture de cette porte... — Tous nos châteaux en Espagne s'effondreraient...

L'angoisse qui s'emparait de lui à cette pensée se dissipa bien vite.

La clef tournait sous la pression de sa main.

A grand'peine il contint l'exclamation de joie prête à s'échapper de ses lèvres.

— Allons — murmura-t-il, — décidément, j'ai la veine !...

La porte s'ouvrit.

Pascal s'élança dans le jardin, et referma derrière lui en ayant soin de ne produire aucun bruit.

Il poursuivit en jetant un regard autour de lui...

— Je suis dans la place... Voici trois ans bientôt que je n'ai mis les pieds ici... — J'y serais encore, cependant, si je l'avais voulu, et j'aurais dû le vouloir... — Un maniaque, un détraqué, le comte Philippe de Thonnerieux, mais un brave homme au fond... — La vie était douce auprès de lui et les appointements de M. le secrétaire intime se chiffraient par billets de mille !... — Ah ! il en a, de ces billets bleus, le comte, et comme je connais ses habitudes et ses tics, lesquels n'ont fait certainement que croître et embellir, ce qui pour les vieillards est une règle sans exception, je n'aurai pas la moindre peine à mettre la main sur le magot !... — Ces clefs que j'ai su conserver m'ouvriront toutes les portes...

Et Pascal caressait avec une sorte de reconnaissance le trousseau de clefs que nous connaissons.

Lentement, à petits pas comptés, il traversa le jardin où des groupes d'arbres séculaires entretenaient une ombre profonde sur les statues de marbre blanc.

Arrivé au bord d'une pelouse faisant face à l'hôtel, il s'arrêta et jeta les yeux sur la façade.

— Persiennes fermées, — pensa-t-il, — aucune lumière à l'intérieur... — Tout repose... — La chambre de Jérôme est au deuxième étage... — Les autres domestiques logent au-dessus. — La chambre à coucher du comte et son cabinet de travail sont au premier... — C'est là qu'il faut aller... — Orientons-nous donc... Dans l'angle droit de l'hôtel se trouve une porte ouvrant sur un vestibule... — De ce vestibule partent deux escaliers de service ; l'un conduit aux appartements du comte et l'autre aux logements des domestiques... — Entre eux, je ne puis me tromper... — Allons !...

Pascal franchit l'espace qui le séparait de la porte du vestibule, qu'il ouvrit avec une nouvelle clef choisie dans le trousseau.

Il rentra, referma la porte comme il avait refermé celle du jardin, tira de la poche de son pardessus la minuscule lanterne sourde et il en alluma la bougie.

Ceci fait, le jeune homme commença l'ascension de l'escalier conduisant à l'appartement de M. de Thonnerieux.

L'épaisseur du tapis de moquette recouvrant les marches assourdissait le bruit de ses pas.

Un silence morne régnait dans l'intérieur de l'hôtel.

Au dehors l'orage approchait de plus en plus ; — le tonnerre grondait sourdement.

Pascal, après avoir traversé une vaste antichambre tendue de verdures flamandes et ornée de bustes posés sur des socles de marbre, était arrivé en face de la porte du cabinet de travail.

Là, il s'arrêta.

Son cœur battait avec violence.

Une sueur glacée mouillait ses tempes.

On eût dit que quelque puissance mystérieuse, plus forte que sa volonté, l'empêchait d'aller plus loin.

L'action qu'il était venu commettre lui causait en ce moment une sorte de terreur instinctive dont il lui aurait été impossible d'analyser les causes.

En moins de quelques secondes ses souvenirs, — que cependant il n'évoquait pas, — lui montrèrent tout ce qu'il avait eu à subir à la suite d'un premier crime.

La prévention interminable, les longues séances dans le cabinet du juge d'instruction, la cour d'assises, la maison centrale, passèrent devant ses yeux.

L'idée de ne point aller plus avant traversa son esprit, mais avec une nature telle que la sienne cette hésitation ne pouvait durer et ne dura pas en effet.

Un mauvais sourire crispa ses lèvres ; — un feu sombre s'alluma dans ses prunelles ; — le pli creusé entre ses sourcils s'effaça ; — il posa sa main sur le bouton de la serrure, le fit lentement tourner, et la porte s'ouvrit devant lui.

Il franchit le seuil et dirigea la clarté de sa lanterne vers le point central du cabinet.

Quoique blafarde, sans éclat, cette clarté pouvait lui permettre cependant de distinguer les objets qui l'entouraient.

Son regard se fixa tout d'abord sur le bureau puis

sur le meuble italien du temps de la Renaissance.

Brusquement il tressaillit, comme sous le coup d'une décharge électrique.

Les bandes blanches et les cachets rouges fermant les meubles venaient de frapper ses yeux.

— Que se passe-t-il donc? — se demanda-t-il. — Impossible de s'y tromper... ces bandes... ces cachets... ce sont des scellés !

En parlant, ou plutôt en pensant ainsi, Pascal s'était lentement approché du bureau, sur lequel se trouvaient plusieurs *lettres de faire part* tout ouvertes.

Il dirigea sur l'une d'elles la pâle lumière de sa lanterne et il lut. — Mort ! — se dit-il ensuite en frissonnant, — le comte est mort ! — Les scellés sont posés, donc le juge de paix est venu à l'hôtel... — S'il a fouillé les meubles, les billets de banque ne s'y trouvent certainement plus !! — ah ! ce serait jouer de malheur !! — Ces lettres indiquent l'enterrement pour demain... Alors le cadavre est là... dans la chambre voisine... et on le veille sans aucun doute...

L'ex-secrétaire du comte Philippe sentit un frisson passer sur sa chair, mais il se remit aussitôt.

— Eh bien ! que m'importe, après tout ? — murmura-t-il avec résolution. — Le danger ne m'a jamais fait peur... — La présence des gens qui sont là ne m'empêchera point de tenter l'aventure !!

Marchant sur la pointe des pieds, il se dirigea vers la baie communiquant avec la chambre du comte, et close seulement par une épaisse portière de tapisserie qu'il souleva.

Il vit alors Philippe de Thonnerieux étendu, les yeux clos, dans son cercueil autour duquel brûlaient des cierges, — il vit deux religieuses assises, et une femme agenouillée.

Fatiguées par une longue veille, les religieuses s'étaient assoupies en roulant sous leurs doigts les grains de leur chapelet.

La femme agenouillée en qui Pascal reconnut l'ancienne femme de chambre de la comtesse, s'absorbait dans la prière.

— Rien à craindre de ces trois pauvres créatures... — murmura le jeune homme, — à l'œuvre !

Il retourna près du cabinet italien et poursuivit :

— C'est là que le comte mettait ses valeurs. — C'est là qu'elles doivent se trouver encore si le juge de paix chargé de la pose des scellés n'a point visité ce meuble, ce qui est possible après tout... — Mais comment l'ouvrir sans une effraction forcément bruyante ?... — Je possède seulement la clef du bureau, et sans doute on aura pris celle du meuble dans le tiroir secret où le comte avait l'habitude de la déposer... Je vais d'ailleurs savoir à l'instant à quoi m'en tenir...

Pascal déposa la petite lanterne sur le bureau et, tirant de sa poche le couteau catalan qu'il ouvrit, il en glissa la lame entre le bois poli du meuble et le cachet de cire du scellé qu'il enleva.

Introduisant alors dans la serrure du bureau une des clefs du trousseau qu'il possédait, il la fit tourner ; — le tiroir aussitôt céda et le jeune homme, appuyant le doigt sur un ressort, démasqua le compartiment secret.

Une joie vive éclaira son visage.

Il tenait la clef cherchée.

C'était d'un heureux augure !

Muni de cette clef, Pascal revint au cabinet italien, enleva les scellés comme un instant auparavant il avait enlevé ceux du bureau, ouvrit le meuble et mit la main sur le coffret où nous avons vu le comte placer son testament et qui contenait des liasses de billets de banque.

Pascal en souleva le couvercle et il eut peine à étouffer une exclamation de triomphe.

Il y avait là une fortune !...

XXVIII

Ce n'est pas tout.

A côté du coffret se trouvaient des Bons du Trésor, des actions, des obligations, des valeurs de toutes sortes.

Pascal en mit une partie dans le coffret dont il rabaissa le couvercle, glissa les autres dans ses poches, ou les entassa sur sa poitrine, sous son vêtement boutonné ; referma le cabinet italien, et replaça les scellés assez adroitement pour qu'il fût difficile de s'apercevoir qu'ils avaient été enlevés.

Ceci fait, il reprit le coffret; et il se disposait à sortir quand il crut entendre marcher dans la chambre du mort.

Pour s'assurer qu'il ne se trompait point il se dirigea vers la portière qu'il souleva de nouveau.

Les religieuses sommeillaient toujours ; mais l'ancienne femme de chambre de la comtesse, ayant fini ses deux heures de veille, venait de se lever et traversait la chambre en se dirigeant vers une issue latérale par laquelle elle disparut.

Sans perdre une minute Pascal courut à la porte donnant sur l'antichambre, l'ouvrit, et il allait gagner l'escalier lorsqu'un bruit de pas sur les marches frappa ses oreilles.

— On monte ici... — se dit-il, — je suis perdu si je ne me tire d'affaire à force d'adresse et d'audace...

Refermant aussitôt la porte il traversa le cabinet de travail, éteignit sa lanterne sourde, gagna la chambre mortuaire et, s'assurant d'un regard que la sortie d'Ursule n'avait point interrompu l'assoupissement des religieuses, il se dirigea vers le cercueil, souleva la tête du mort, glissa le coffret sous les épaules puis, après avoir accompli cette œuvre sacrilège, il laissa retomber à la fois la tête et le suaire et, s'élançant derrière les tentures de l'alcôve, s'étendit à plat ventre sous le lit lui-même.

Tout ceci s'était accompli en beaucoup moins de temps que nous n'en avons mis à l'écrire.

Pascal avait eu d'ailleurs grandement raison de se hâter, car à la minute précise où il disparaissait sous le lit du comte, — un lit à colonnes torses et à rideaux de lourd brocard, — Jérôme paraissait sur le seuil du cabinet de travail, les religieuses s'éveillaient, et Benoîte Mercier, prévenue par Ursule, venait la remplacer auprès du cercueil.

Il était en ce moment quatre heures du matin.

Au dehors le jour paraissait.

L'orage nocturne avait rapidement passé sur Paris, et le soleil, à l'horizon, émergeait dans un ciel pur.

— Vous devez être bien fatiguée, ma pauvre Benoite... — dit le vieux valet de chambre à l'ancienne femme de chambre qui venait d'entrer et qui répliqua :

— Je le suis un peu, bien sûr, mais je le serais davantage encore que je ne me plaindrais point et que je n'en veillerais pas moins... — Monsieur le comte était un assez bon maître pour qu'on ne lui marchande pas les prières... — Mais vous, Jérôme, pourquoi vous êtes levé déjà, au lieu de prendre un peu de repos dont vous avez si grand besoin?...

— Je ne pouvais dormir... le chagrin me tient éveillé...

— Et qu'allez-vous faire debout, de si grand matin?

— Je vais mettre mes comptes en ordre, afin de les présenter au notaire s'il me les demande..

Le vieux valet de chambre sortit pour gagner la pièce qui lui servait de bureau.

Benoîte s'agenouilla et se mit à lire les prières

des morts, tandis que les religieuses récitaient les psaumes de la pénitence.

Pascal retenait son souffle.

Un seul mouvement, le bruit même de sa respiration, si faible qu'il fût, pouvaient trahir sa présence, par conséquent le perdre.

Malgré la trempe vigoureuse de sa nature, malgré la diabolique énergie de sa volonté, il éprouvait une profonde épouvante.

Chacun des battements de son cœur retentissait dans ses oreilles avec une sonorité fantastique, et le faisait trembler.

Le temps passait lentement.

Le jeune homme entendit sonner cinq heures, puis, six heures.

Des transes mortelles lui mettaient aux tempes une sueur froide.

Si la malchance voulait qu'on dérangeât le lit, il serait pris et, comme il ne pourrait justifier sa présence, une condamnation nouvelle le renverrait à bref délai dans une prison semblable à celle d'où il venait de sortir.

A mesure que les minutes succédaient aux minutes, la situation de Pascal, si pénible déjà, s'aggravait encore.

Des crampes le torturaient.

Il lui fallait appuyer une de ses mains sur sa

bouche pour étouffer les plaintes sourdes prêtes à s'en échapper.

Vers huit heures et demie, Jérôme reparut dans la chambre mortuaire.

Il était accompagné d'un inspecteur aux pompes funèbres, venu dans le but de s'assurer que toutes les dispositions étaient prises et que les ordres donnés s'exécuteraient à la lettre.

— Le service est pour dix heures très précises, — dit-il à Jérôme. — La levée du corps, en raison de l'extrême proximité de l'église, se fera donc à dix heures moins un quart... — Une demi-heure d'exposition suffira... — Nos ouvriers vont s'occuper immédiatement de tendre la porte cochère...

A partir de ce moment, la chambre mortuaire fut envahie par des amis qui voulaient jeter un dernier regard sur le visage du comte Philippe de Thonnerieux, avant que ce visage disparût pour toujours.

Pascal voyait passer devant ses yeux des jambes qui allaient, venaient, tournaient autour du cercueil; des robes dont les longues jupes effleuraient avec un bruit très doux la haute laine du tapis.

La comtesse de Chatelux, son fils Fabien, Raymond et Paul Fromental vinrent s'agenouiller et prier devant la dépouille mortelle de celui qu'ils avaient aimé, respecté, et qu'ils pleuraient.

Soudain parurent les ensevelisseurs, qui firent évacuer la chambre.

On enleva le cercueil des tréteaux sur lesquels il était placé et, après que Jérôme sanglotant eût effleuré respectueusement de ses lèvres le front glacé du maître qu'il devait regretter jusqu'à son dernier souffle, on ramena le suaire sur le visage, on vissa la planche de chêne formant le couvercle de la bière munie d'un écusson de cuivre portant le nom et le titre du défunt, et quatre hommes descendirent le cercueil pour l'exposer en grande pompe sous la voûte drapée de noir où le catafalque était préparé.

Dans la chambre funèbre on avait éteint les cierges, ployé et emporté les tentures de deuil et les tréteaux maintenant inutiles.

Le bruit des pas cessa de se faire entendre.

Les portes se refermèrent.

Pascal, enfin, était seul !

Lorsqu'on avait porté la main sur le cercueil, le jeune homme, oubliant pour une seconde les tortures qu'il subissait, sentit un frisson d'angoisse courir dans ses moelles.

Si les ensevelisseurs soulevaient le corps, ils découvriraient forcément le coffret caché sous les épaules du cadavre, et alors cette fortune, qui devait le conduire à une fortune bien autrement grande encore, serait perdue pour lui !...

Aussi éprouva-t-il un allégement inouï quand il entendit placer le couvercle de la bière et poser les vis.

Au moment où la chambre se trouva déserte, cet allégement devint complet.

Arrachant, non sans peine, à la position horizontale qu'ils occupaient, ses membres raidis par une immobilité de près de cinq heures, il se réfugia derrière les pentes de brocard tombant du baldaquin du lit et il épousseta de son mieux la poussière qui le couvrait de la tête aux pieds.

Le désordre de sa toilette réparé tant bien que mal, il quitta son abri provisoire, gagna une porte dérobée connue de lui et établissant une communication avec l'escalier de service.

Deux minutes plus tard il arrivait au milieu de la foule réunie pour suivre le convoi, et comme les éléments les plus disparates de la société se trouvaient représentés dans cette foule, personne ne remarqua ni sa présence, ni son costume.

La rue était pleine de monde ; toutes les bouches exaltaient les grandes qualités et surtout l'inépuisable charité du feu comte.

L'exposition ne dura qu'une demi-heure.

Le corbillard, — un splendide corbillard de pre-

3.

mière classe, — et les voitures de deuil arrivèrent.

La levée du corps eut lieu, et le convoi partit pour l'église.

Mille personnes, au bas mot, suivaient le char funèbre.

Pascal jugea complètement inutile de se joindre à cette foule et de l'accompagner à Saint-Sulpice. — Le cimetière seul avait désormais un intérêt pour lui, et ce fut au cimetière qu'il se rendit en ligne directe.

Une fois arrivé, il se renseigna sur l'endroit où se trouvait le tombeau de famille des Thonnerieux, et il se dirigea vers cet endroit.

Les marbriers y travaillaient déjà, descellant la dalle du caveau dans lequel on allait déposer le cercueil.

Le jeune homme s'approcha d'eux, leur adressa quelques questions banales et parut examiner les travaux en curieux désœuvré qui s'inquiète des moindres choses dans le but unique de tuer le temps, puis, tout en se donnant l'attitude d'un flâneur, il attendit l'arrivée du convoi, arrivée qui n'eut lieu qu'à près de midi.

Nous ne raconterons point les détails de la cérémonie, pareille à toutes les autres du même genre.

Deux discours furent prononcés près de la tombe ouverte, deux discours qui mirent des larmes dans tous les yeux en parlant de l'existence si noble et si bienfaisante du juste qui venait de s'éteindre.

Ce dernier hommage rendu à l'homme de bien, et les prières finies, la foule s'écoula lentement, silencieuse et recueillie. — Jérôme resta seul avec les marbriers et l'un des gardiens du cimetière.

Mais Pascal n'était pas loin.

Le dos tourné, la visière de sa casquette rabattue sur le front, il semblait examiner avec grande attention un mausolée voisin de celui de la famille de Thonnerieux; en réalité il s'arrangeait de façon à ne pas perdre un mot des paroles échangées entre les ouvriers et le valet de chambre du feu comte.

Les marbriers replacèrent les dalles sur l'ouverture du caveau.

— Ne scellez-vous pas ces dalles? — demanda Jérôme au contremaître qui répondit :

— Non, monsieur... — Nous avons à terminer pour le quart d'heure une besogne très urgente, et nous remettrons à demain matin celle-là, qui l'est beaucoup moins puisque le monument est fermé...
— je vous prierai même de bien vouloir donner à M. l'inspecteur la clef dont nous aurons besoin...

Il désignait le gardien.

Jérôme lui tendit la clef, ploya le genou devant le tombeau, comme on fait dans une église en passant devant l'autel, et à son tour se retira.

Pascal avait tout entendu.

Dès que Jérôme eût disparu, il se dirigea vers la porte de sortie, gagna la station de voitures la plus proche, et monta dans un fiacre.

— Où allons-nous, bourgeois? — lui demanda le cocher.

— Place de la Madeleine... Vous m'arrêterez en route chez un chapelier...

Le fiacre roula.

Il était plus d'une heure lorsque Pascal, ayant échangé sa casquette contre un chapeau, rejoignit Jacques Lagarde dont chaque minute écoulée augmentait l'inquiétude.

— Enfin ! — s'écria-t-il en voyant entrer le jeune homme. — Sais-tu que je commençais à te croire perdu !

— Ça ne m'étonne pas !... — J'ai bien failli l'être !...

— Tu as donc couru un danger?...

— Énorme !

— Dont tu es sorti sain et sauf, c'est le principal...

— Et le gisement aux lingots ?

— Très riche, le gisement !... — Très féconde, la mine !...

— Alors, tu as trouvé la fortune?...

— Le commencement de la fortune, oui... une première mise de fonds plus que suffisante...

— Combien ?

— Je ne sais pas encore, mais je réponds absolument d'un chiffre respectable...

— Pourquoi cette absence prolongée qui me faisait brûler à petit feu ?

— Ah ! pardieu !... pourquoi ? — Parce que j'étais étendu tout de mon long sous un lit, d'où je ne pouvais bouger sous peine d'être pincé, et je te garantis que cette position n'était pas drôle du tout !

— Sous un lit ! — répéta Jacques stupéfait.

— Parfaitement ! — Cela t'intrigue ?... — Eh bien ! écoute... — Je puis à présent te dire ce que j'ai tenté... Ce que j'ai fait... ce qui reste à faire...

Et Pascal raconta, sans rien omettre, ce que nos lecteurs savent déjà.

Jacques l'écoutait bouche béante, effrayé et tout à la fois émerveillé de son audace.

— Mais ce coffret, tu ne l'as plus ?... — fit-il quand le jeune homme eut achevé.

— Nous l'aurons la nuit prochaine et nous saurons ce qu'il renferme... Pour le quart d'heure je vais déjeuner, car tu dois comprendre que j'agonise littéralement de faim ! Tiens-moi compagnie, veux-tu ?

— J'ai déjà déjeuné.

— Ça ne fait rien, tu recommenceras, ou du moins tu me verras faire, et tout en déjeunant nous causerons des dispositions à prendre...

Non seulement Pascal mourait de faim, ainsi que

nous venons de le lui entendre dire, mais il était brisé de fatigue, et cette fatigue il ne la sentait pas, tant l'idée de se trouver prochainement en possession du coffret précieux le galvanisait.

Après déjeuner il gagna sa chambre pour se débarrasser des valeurs qui remplissaient ses poches et cuirassaient sa poitrine, puis il se rendit, en compagnie de Jacques, rue de Puébla, où il choisit dans son arsenal divers instruments tels que tourne-vis, trousseau de clefs et de crochets vulgairement nommés *rossignols*, et où il reprit son costume habituel.

— Maintenant, filons… — dit-il.

— Où allons-nous? — demanda Jacques.

— Peux-tu me faire cette question? — il me semble que tu dois le deviner sans peine! — Nous allons au cimetière Montparnasse.

— Déjà!!

— Il faut que nous y soyons avant la fermeture des portes…

— C'est à peine s'il est cinq heures…

— Les cimetières ferment à sept heures, et d'ailleurs j'ai besoin d'étudier différentes choses… — En route!…

— En route, soit!…

Les deux complices quittèrent la rue de Puébla, et bras dessus, bras dessous, se dirigèrent vers le cimetière Montparnasse.

XXIX

A sept heures du soir, — heure réglementaire, — les portes du cimetière Montparnasse avaient été fermées.

Promeneurs, désœuvrés, ouvriers, visiteurs, conduits les uns par la curiosité, les autres par le souvenir dans la vaste nécropole, s'étaient retirés.

Les gardiens, après avoir fait leur ronde comme de coutume, avaient regagné leurs demeures respectives.

La nuit vint : une belle nuit de juin, plus lumineuse qu'un jour de brume.

Au front du ciel criblé d'étoiles la pleine lune brillait comme un grand bouclier d'argent, blanchissant de ses rayons la cime des arbres et le sommet des tombes monumentales.

Successivement les horloges des environs sonnèrant neuf heures, dix heures, onze heures.

Au moment où la dernière vibration du onzième coup s'éteignait dans l'espace, un mouvement se produisit au milieu d'un fourré presque inextricable de cyprès et de rosiers poussant en toute liberté et occupant un des angles du cimetière.

Deux hommes sortirent avec précaution de ce fourré et se dirigèrent lentement, furtivement, vers une allée, en ayant soin d'éviter les espaces découverts où la lune projetait sa lumière.

Ces deux hommes, — avons-nous besoin de le dire ? — étaient Pascal Saunier et Jacques Lagarde.

— Onze heures sonnées !... — fit Pascal à demi-voix. — Nous n'avons plus rien à craindre... nous pouvons agir.

— Te reconnaîtras-tu dans les labyrinthes compliqués de cette ville des morts ? — demanda le médecin.

— J'en réponds... — Le sens de la mémoire topographique est très développé chez moi... — Viens donc, et amortissons autant que possible le bruit de nos pas qui pourrait nous trahir si quelque gardien veillait encore par hasard...

Pascal marcha pendant deux ou trois minutes droit devant lui, tourna successivement à droite et gauche puis, s'orientant sans la moindre peine, gagna l'avenue principale, en marge de laquelle s'élevait le tombeau de famille des Thonnerieux, but de la course nocturne des deux complices.

— Nous approchons... — murmura Pascal à l'oreille de Jacques. — Dans un instant, nous serons arrivés.

En effet il ne tarda guère à s'arrêter en face d'un monument funèbre de grande apparence.

— C'est là... — fit-il en étendant la main vers ce monument, et il ajouta, en promenant autour de lui un regard investigateur. — Maintenant il s'agit d'ouvrir, — j'espère bien que ce ne sera pas long.

Tirant alors de sa poche son trousseau de fausses clefs, il les essaya les unes après les autres à la serrure de la porte de bronze, mais ce fut inutilement.

— Pas une de ces clefs ne va! — dit-il avec impatience. — Je vais me servir des crochets.

Avec les crochets il fut plus heureux, car au bout de deux ou trois secondes un craquement se fit entendre, indiquant que le pène venait de céder.

Pascal tira la porte à lui.

Elle tourna sur ses gonds.

— Entre vite! — reprit-il, en s'adressant à Jacques.

Celui-ci, non sans une violente émotion nerveuse, pénétra dans l'intérieur du tombeau où Pascal le suivit.

— Et maintenant? — demanda-t-il.

— Maintenant — répondit l'ex-secrétaire de M. de Thonnerieux — il faut prendre nos précautions... —

la première sera de refermer cette porte et d'en condamner les ouvertures, car nous allons allumer la lanterne, et la lumière pourrait être aperçue du dehors...

Otant alors son pardessus, le jeune homme s'en servit pour masquer à l'intérieur les découpures en forme de croix pratiquées dans la partie supérieure du bronze de la porte, puis il repoussa celle-ci de telle sorte qu'elle parût fermée quoique ne l'étant pas.

Jacques alluma la petite lanterne sourde dont nous avons vu Pascal se servir au cours de la nuit précédente.

— A la besogne! — commanda le jeune homme, et il se mit à ranger près de l'autel les chaises garnissant le petit sanctuaire formé par l'intérieur du tombeau.

Ceci fait, il se pencha vers les dalles au centre desquelles étaient scellés des anneaux de fer servant de poignées. — Il en souleva une, puis une autre.

Le caveau s'ouvrit, béant, devant lui et, sous le rayon de pâle lumière projeté par la lanterne que tenait Jacques il aperçut le cercueil, disparaissant à demi sous les couronnes dont on l'avait couvert quelques heures auparavant.

— Nous ne pourrons pas descendre tous les deux là-dedans, — fit observer Jacques — l'espace est si étroit que nous nous gênerions mutuellement.

— Je descendrai seul... — répondit le jeune homme. — Passe-moi mon tourne-vis et la lanterne... — Toi, reste là, aux aguets, l'oreille tendue... — je ne redoute aucune surprise, aucun danger, mais il est toujours bon d'être sur ses gardes... — Trop de prudence ne saurait nuire.

Pascal se laissa glisser dans le caveau, et posa ses deux pieds sur le cercueil qui rendit un bruit sourd.

Jacques lui tendit la lanterne et le tourne-vis puis, prenant une chaise, il alla s'asseoir près de la porte, l'oreille au guet.

Le calme absolu de ces deux misérables était effrayant.

Violateurs infâmes d'un tombeau, sacrilèges impies, ils ne frissonnaient même point à la pensée du crime qu'ils allaient commettre, qu'ils commettaient!

Après avoir débarrassé le cercueil des couronnes entassées, Pascal se mit à l'œuvre.

Le travail était long, mais point difficile, il consistait simplement à enlever une trentaine de vis maintenant le couvercle du cercueil.

Grâce à l'instrument spécial dont il avait eu soin de se munir, la besogne marcha sans encombre.

Au bout de trois quarts d'heure environ, la dernière vis sortait de son alvéole.

— C'est fait! — dit Pascal, — dans un instant nous serons riches !

Jacques alors quitta sa chaise, et pour mieux voir s'agenouilla sur le bord de l'ouverture.

Pascal venait de faire glisser le couvercle du cercueil.

On put deviner alors le visage du comte de Thonnerieux dont l'étoffe souple du suaire dessinait vaguement les traits rigides.

Peu importait aux deux bandits.

Les mains de Pascal plongèrent dans le cercueil, se joignirent sous les épaules du cadavre pour le soulever, puis elles reparurent tenant le précieux coffret.

— Le voici ! — fit le jeune homme en tendant ce coffret à Jacques qui le saisit fiévreusement.

— Enfin ! — murmura-t-il. — Nous avons donc gagné le gros lot !

— Je compte bien que nous en gagnerons un plus gros encore, grâce à celui-là ! — répondit Pascal.

— Remonte vite et partons... — Il me tarde de connaître l'importance du magot !

— Te figures-tu que je vais laisser ainsi trace de notre passage !... — Un peu de patience, cher ami !...
— Les ouvriers viendront au point du jour... — Si par hasard ils soulevaient les dalles avant de les sceller, ce qui est, en somme, bien possible, ils constateraient du premier coup d'œil la violation de sé-

pulture... — De là enquête, contre-enquête, toute la police sur pied, tous les limiers de la sûreté lancés à la recherche des dévaliseurs de tombes !... — C'est ça qui serait bête et pourrait devenir gênant ! — Je vais replacer les couronnes, remettre enfin toutes choses dans l'état où nous les avons trouvées... — Ne penses-tu pas que j'ai raison ?...

— Complètement, mais dépêche-toi !

Pascal ne perdit pas une minute.

— En moins d'une demi-heure, il avait terminé et remontait près de Jacques.

Les dalles furent immédiatement rajustées et les chaises reprirent leur place en face de l'autel.

Jacques éteignit la lanterne sourde.

— Ah ! diable ! — fit tout à coup Pascal avec un accent de vive contrariété.

— Qu'y a-t-il ? — demanda le médecin.

— J'ai oublié quelque chose en bas...

— Quoi donc ?

— Le tourne-vis...

— Vas-tu pas aller le chercher ?

— Non, car, toutes réflexions faites, la présence de cet outil n'est guère compromettante... Mais enfin j'aimerai mieux le sentir dans ma poche... — N'y pensons plus...

Pascal endossa son pardessus, inutile désormais pour masquer les ouvertures, et reprit :

— Les clefs ?...

— Les voilà...

— Tu tiens le coffret ?

— Oui.

— Alors, filons... — Je vais refermer la porte.

Jacques passa le premier.

Pascal, derrière lui, tira lentement la porte de bronze qui se referma sans bruit.

— Maintenant tout n'est pas fini, — dit-il ensuite. — Le plus fort est fait, mais il s'agit de sortir du cimetière.

— Sortir ! — répéta Jacques. — N'attendons-nous point l'ouverture des portes ?...

— Merci ! — Tu es bien bon pour nous, toi ! — Tu passerais le coffret au nez des gardiens, n'est-ce pas ? — Ça serait le vrai moyen de nous faire empoigner du premier coup !... — Non, mon ami, nous n'attendrons point le jour !! — Nous allons faire concurrence aux matous du quartier et grimper par-dessus le mur... — J'ai étudié les lieux et combiné notre petite affaire... — Gagnons le côté du cimetière qui longe la rue du Champ-d'Asile.

Pascal s'orienta pendant une ou deux secondes et se mit à marcher rapidement, suivi de Jacques.

Bientôt ils arrivèrent auprès d'une muraille à laquelle se trouvaient adossées des tombes.

— C'est là qu'il faut passer, — murmura Pascal, —

et ce sera presque aussi commode qu'un grand escalier...

Il grimpa sur un mausolée, en se servant des sculptures comme d'échelons, atteignit le chaperon du mur, et de ce point élevé jeta un regard inquisiteur dans la rue, qui s'étendait à droite et à gauche.

— Personne ! — dit-il à demi-voix, — lune couchée, nuit sombre, un bec de gaz allumé sur trois !...
— Tout va bien ! — fais comme moi...

Et avec une habileté de gymnaste il sauta dans la rue.

Presque aussitôt la tête de Jacques apparut au sommet de la muraille.

— Jette-moi le coffret, — lui dit le jeune homme, — là, c'est ça... — je le tiens... — maintenant, si le saut t'épouvante, empoigne le chaperon avec les deux mains, et laisse-toi couler..

L'instant d'après le médecin rejoignait son ami.

— Pour le quart d'heure il s'agit de trouver une voiture... — murmura-t-il. — Je ne me sens pas le courage d'aller d'ici à la Madeleine à pied...

— Descendons jusqu'à la gare Montparnasse... — Nous en sommes à cinq minutes... il y là des maraudeurs toute la nuit...

Près de la gare, en effet, malgré l'heure ultra-matinale stationnaient deux ou trois fiacres, plus démantelés les uns que les autres.

Pascal et Jacques en prirent un, et donnèrent l'ordre au cocher de les conduire à l'hôtel du *Parlement*.

Les deux complices étaient brisés de fatigue et mouraient de faim, aussi commandèrent-ils au garçon de service de monter dans leur appartement du pain, de la viande froide, et deux bouteilles de vin de Bordeaux, ce qui fut fait.

— Souperons-nous avant d'ouvrir ce coffret? — demanda Jacques, dont la curiosité dépassait encore l'appétit.

— Oui, — répondit Pascal, — car je suis à bout de forces... et ce n'est pas un mot en l'air... — je crois que je vais me trouver mal...

En effet, à ce moment précis, des gouttes de sueur froide perlèrent aux tempes du misérable.

Il devint très pâle et se laissa tomber sur le siège placé derrière lui.

Depuis quarante-quatre heures il n'avait pas dormi.

L'énergie de la créature humaine a des bornes.

La sienne était à bout.

— Tu es surmené, mon pauvre ami! — dit Jacques en s'approchant de lui. — Heureusement, il suffira d'un verre de vin bien sucré pour te remettre...

Et tout aussitôt il se mit à préparer le breuvage tonique dont il venait de recommander l'emploi.

Pascal vida le verre d'un seul trait et se trouva ranimé, réconforté.

— Un peu de nourriture fera le reste... — murmura-t-il en attaquant un morceau de jambon d'York.

Jacques l'imita, et à mesure que les deux hommes mangeaient ils sentaient leur fatigue diminuer et céder la place à une sorte de bien-être.

— Ça va maintenant, — fit Pascal. — Je redeviens moi-même... — Tu ne peux te figurer ce que j'ai ressenti en rentrant ici... — Il m'a semblé que j'allais mourir. — Pourtant je ne suis point une femmelette...

— Comment aurais-tu résisté à tant d'émotions, de surexcitations ? — répliqua Jacques. — La privation de sommeil, la fatigue, ont amené une syncope. — C'est tout naturel... Quand tu auras mangé et dormi, il ne restera plus aucune trace de ton malaise passager...

— Oui, sans doute mais, à présent que la faim est satisfaite, avant de songer à dormir visitons notre fortune... — Passe-moi le coffret...

Le jeune homme exhiba son porte-monnaie, dans lequel il prit une petite clef, — celle du coffret, — mais avant de s'en servir il ouvrit une armoire d'où il tira d'abord les liasses d'actions et de valeurs diverses qu'il y avait entassées, et qu'il plaça sur la table en disant :

— Ceci d'abord...

Jacques examina vivement ces papiers.

— Pas assez au porteur! — murmura-t-il en faisant la moue. — Des certificats nominatifs... — ce n'est bon à rien pour nous, et c'est fort dangereux !...

— Nous nous en débarrasserons !... — répliqua Pascal en soulevant le couvercle du coffret. — Ah! ah!... Qu'est-ce que cela? — poursuivit-il en saisissant une large enveloppe dont il lut tout haut la suscription : — *Ceci est mon testament !!* — Le testament du comte de Thonnerieux!! — il ne pouvait tomber dans de meilleures mains... — Nous serons ses exécuteurs testamentaires...

— Nous lirons cela tout à l'heure... — interrompit Jacques. — Mais, d'abord, procédons à l'inventaire...

— Une médaille... — dit Pascal en prenant celle que nous avons vu le comte déposer dans le coffret. — Elle est en or...

— Si elle en or, elle vaut cent francs !... bagatelle!... vétille ! — Soyons sérieux !... Voilà les billets de banque, comptons-les.

XXX

Pascal vida le coffret sur la table.

Un cri de joie, un cri de triomphe s'échappa aussitôt de sa bouche et fut répété par le médecin.

En même temps, les mains des deux hommes caressèrent avec une indicible sensation de volupté les papiers soyeux de la Banque de France.

— Il y a quatre liasses, — dit Jacques. — De combien sont-elles ?

— En voici trois d'au moins cent billets chacune, et celle-ci doit être de cinquante.

— Comptons...

Et les doigts fiévreux feuilletèrent un à un les billets.

— Cent... — fit Pascal le premier.

— Cent... — répéta Jacques. — La troisième liasse est semblable aux deux premières, et la quatrième, plus mince, est certainement de cinquante mille francs... Ça valait la peine de se déranger... Voyons maintenant les valeurs, en laissant de côté les certificats nominatifs.

Pascal prit les papiers roses, bleus, verts, les examina et opéra une sélection, faisant un tas des valeurs utiles, et un autre de celles dont on ne pouvait tirer parti.

— Combien de bonnes? — demanda Jacques quand son camarade eut achevé.

— Il y en a pour deux cent cinquante mille francs... — répondit le jeune homme.

— A ajouter aux trois cent cinquante mille de billets de banque... ça nous constitue un capital de six cent mille francs... — Jolie entrée de jeu pour nos opérations futures.

— Demain nous réaliserons en vendant les titres... — Serre tout cela dans un portefeuille...

Jacques obéit.

— Quant aux valeurs nominatives, — continua Pascal, — réintégrons-les au fond du coffret. Nous les garderons en souvenir de cet excellent comte!...

Il entassa les papiers dans le coffret que Jacques referma, et il poursuivit :

— Bref, nous voilà propriétaires d'une agréable somme. — Nous achèterons d'abord le *Petit Castel*, et à Paris nous chercherons un joli hôtel, bien situé, où le docteur Tompson pourra s'installer luxueusement... — Je te promets une clientèle nombreuse et de premier ordre, mon très cher... — Quand on est riche on a le succès, même quand on n'a pas le talent, et ce n'est point le talent qui te manque !... — Tes réceptions, dont Marthe fera les honneurs, attireront tout Paris ! Avant un an nous aurons trois millions à nous, tu verras ! — Avec cela nous pourrons vivre à notre guise n'importe où, sans souci de l'avenir, riches des revenus et ne touchant point à notre capital ! — Serre les *fafiots*, mon vieux ! — Je te nomme notre caissier en titre !... — Tu me feras bien quelques petites avances sur mes appointements, sans trop rechigner, n'est-ce pas, quand j'en aurai besoin ?...

— Nous verrons cela... — répondit Jacques. — Si tu n'es point trop exigeant...

Et les deux complices se mirent à rire aux éclats de cette bonne plaisanterie.

L'hilarité finie, Pascal déboucha la seconde bouteille de vin de Bordeaux et remplit les verres.

— Ma parole d'honneur, — s'écria-t-il, — le besoin de dormir est passé! — je ne sens plus ma fatigue ! — il me semble que je renais !...

— La joie est le plus puissant des toniques, le meilleur des reconstituants, — dit Jacques en levant son verre, et il ajouta, en le choquant contre celui de son ami :

4.

— A ta santé, mon camarade !...

— A la tienne, mon vieux copain ! — A nos succès ! à nos millions !... — Maintenant, allons nous coucher !...

— N'ouvrirons-nous pas, auparavant, le testament du comte ?...

— Ma foi, je l'oubliais ! — Que nous importe ce testament ? — il est sûr et certain que le comte de Thonnerieux ne nous institue point ses légataires universels... — il me parait superflu de le lire...

— Je prétends, moi, que c'est indispensable.

— Pourquoi donc ?

— Parce que sa lecture nous apprendra s'il n'est pas à craindre que le double ait été déposé chez un notaire, ce qui constituerait pour nous un danger très sérieux au point de vue de la vente des valeurs.

— Tu as raison, — répondit Pascal, — il faut lire cette pièce qui d'ailleurs, étant donné l'originalité bien connue de moi, de mon ex-patron, ne saurait manquer d'être curieuse.

Et il chercha dans sa poche un canif pour trancher par en haut l'enveloppe du testament.

Tout en écoutant Pascal, Jacques Lagarde avait pris sur la table le disque d'or, et il le regardait, le tournait, le retournait.

— Qu'est-ce c'est que cette médaille ? — dit-il. — Vois donc...

Pascal, à son tour, examina soigneusement les deux faces de la médaille, puis il répondit en la rejetant sur la table :

— Je ne comprends pas... — Des dates... des chiffres... des mots sans suite... — C'est une énigme dont il me paraît tout à fait inutile de chercher le mot... — Revenons au testament...

Et il sortit de l'enveloppe les feuilles renfermant les dispositions dernières de Philippe de Thonnerieux.

— Avais-je tort de signaler l'originalité du feu comte ! — s'écria-t-il en riant. — Il l'a poussée jusqu'à écrire son testament à l'encre rouge ! — Décidément, c'était un maniaque !...

— Lis à haute voix... — fit Jacques.

— Volontiers.

Et le jeune homme commença tout haut la lecture d'un acte qui nous est déjà connu, mais dont il est indispensable de reproduire en ce moment les dispositions principales :

— « Moi, Philippe-Armand, comte de Thonnerieux, sain d'esprit, sinon de corps, j'exprime en ce testament olographe mes volontés dernières, et je nomme M° Pérollet, notaire à Paris, en qui j'ai toute confiance, mon exécuteur testamentaire. »

Pascal s'interrompit, tourna les pages, alla vivement aux dernières lignes où se trouvait la date : 22 mai 1879, et sa figure s'illumina.

— Ce testament n'est écrit que depuis treize jours... — dit-il ensuite. — S'il y avait un double, le notaire l'aurait immédiatement remis aux mains du président du tribunal civil, et la pose des scellés serait devenue sans but... — Or, on a posé les scellés, donc il n'a pas de double...

Jacques fit un signe qui signifiait clairement :

— C'est juste... continue.

Le jeune homme reprit :

— » Ma fortune se divise en deux parties, l'une connue, l'autre ignorée...

L'ex-secrétaire du comte s'interrompit de nouveau.

— Oh ! oh ! — s'écria-t-il, — voilà une phrase grosse de secrets !... — Qu'allons-nous apprendre ?

Puis il poursuivit :

— » La fortune connue s'élève à la somme de cinq millions neuf cent mille francs, se décomposant ainsi :

Suivait l'énumération des propriétés, valeurs et argent comptant dont le total arrivait au chiffre susénoncé, — énumération qu'il nous paraît absolument inutile de reproduire.

— Malheureusement, nous n'avons en poche qu'une faible tranche de ce Pérou ! — murmura Jacques Lagarde en poussant un soupir. — A qui va le reste ?...

— Nous allons le savoir, répliqua Pascal Saunier, — je passe aux explications et au partage.

Et il lut :

— » A l'heure où j'écris mes volontés dernières, n'ayant aucuns parents proches ou éloignés à qui je causerais un préjudice en les déshéritant, je me crois le droit et le devoir de disposer de ma fortune ainsi qu'il suit :

» Je donne et lègue :

» 1° A la ville de Paris mes immeubles du faubourg Saint-Germain, de la rue de Rivoli et de la rue des Pyramides, ainsi que mes valeurs françaises et étrangères, formant ensemble la somme de trois millions trois cent mille francs, à la charge par ladite ville de Paris, représentée par son Conseil municipal, de faire construire dans l'emplacement qu'elle choisira *intra muros* un asile de nuit dans les mêmes conditions que celui de la rue de Tocqueville.

— En voilà du bon argent gaspillé ! ! — s'écria Jacques Lagarde avec conviction.

— Qu'est-ce que ça nous fait, puisque nous ne pouvons mettre la main dessus ? — répliqua Pascal, — je reprends :

» 2° A la ville de Sancerre, les domaines que je possède sur son territoire, à la charge par elle de fonder dans l'hôpital de ladite ville une salle de quatorze lits, réservés aux vieillards nés dans l'arrondissement, et dont l'état d'indigence sera notoire.

» 3° A la commune des Granges-de-Mer, où je suis né, le château et les immeubles situés sur son territoire, à la condition expresse que pendant six années, à partir du jour de l'ouverture de mon testament, les cultivateurs qui tiennent mes fermes à bail continueront à les exploiter, sans avoir à payer de redevance.

» La commune ne prendra possession du château que dix-huit mois après le jour de mon décès.

» Elle devra le transformer en un lieu d'asile et de repos, entretenu avec les revenus des domaines, et où seront admis les infirmes et les vieillards indigents de l'arrondissement.

» 4° A madame la comtesse de Chatelux, née Georgine de Graves, le mobilier, les tapisseries, tableaux, statues, objets d'art, porcelaines, bibliothèques, argenterie de famille, garnissant mon hôtel de la rue de Vaugirard, et, de plus, les chevaux et voitures.

» 5° A mon vieux et fidèle valet de chambre, Jérôme Villard, une somme de cinquante mille francs.

» A chacun de mes six autres domestiques, Claude Perrin, Michel Bordier, Jacques Firmin, Sébastien Marcel, Ursule Arnaud, Benoîte Vernier, vingt mille francs...

— Décidément, il était en enfance, ce vieil *aristo!*...

— interrompit Jacques Lagarde en riant. — Laisser des sommes rondes à des polichinelles qui l'ont volé pendant toute sa vie, c'est un comble ! ! — Après ?...

— » 7° Cent mille francs pour être distribués aux pauvres de mon arrondissement par les soins de l'assistance municipale de cet arrondissement.

Ici, nouvel éclat de rire du médecin.

— Ah ! pauvres pauvres, — dit-il, — nous nous sommes servis avant vous, mais je crois que, si vous y perdez quelque chose, messieurs les administrateurs y perdront plus que vous ! ! — Et, ensuite ?

Pascal reprit :

— » 8° Cinquante mille francs pour l'entretien du tombeau de famille où reposent ma chère fille et ma femme bien-aimée, et où je vais aller reposer moi-même.

» 9° Dix mille francs à...

Soudain le jeune homme cessa de lire et fixa des yeux stupéfaits sur la phrase qu'il n'achevait pas.

— Eh bien ! qu'y a-t-il ? — demanda Jacques surpris de ce brusque temps d'arrêt.

— Ce qu'il y a ? — il y a, parbleu ! la chose la plus incroyable, la plus invraisemblable, la plus renversante, la plus abracadabrante, qui se puisse imaginer...

— Quelle chose ?

— Mon nom dans ce testament...

— Ton nom ! — Allons donc !! — répliqua Jacques incrédule.

— Ecoute : — Dix mille francs à Pascal Saunier, mon ancien secrétaire, sortant des prisons de Nîmes, afin qu'il puisse entreprendre quelque chose, essayer de vivre honnêtement en travaillant, et ne pas retomber dans les errements qui lui ont été si funestes...
— Eh ! bien, qu'en dis-tu ?

— Je dis que feu M. le comte était une bonne vieille bête au fond ! — Il s'intéressait à toi, c'est superbe ! — Tu lui dois une gratitude éternelle, et tu n'as qu'un seul moyen de t'acquitter envers lui, de lui payer ta dette de reconnaissance... C'est de porter sur son tombeau une couronne d'immortelles de trois francs dix sous !...

— Je n'y manquerai pas !...

Et les deux misérables eurent un nouvel et inextinguible éclat de rire.

— » Article dixième et dernier — reprit Pascal : — Dix mille francs pour les frais de mon enterrement. »
— Passons à la fortune inconnue, ce qui doit être la partie la plus intéressante du testament. — Attention, je lis : — « Quant à ma fortune ignorée, elle atteint le chiffre de quatre millions huit cent mille francs, représentés par des billets de la Banque de France. — Les six portefeuilles qui contiennnt ces

billets, partagés en sommes égales de huit cent mille francs, sont renfermés dans un endroit secret...

Pascal regarda Jacques dont les yeux s'étaient démesurément ouverts.

— Quatre millions huit cent mille francs, déposés dans un endroit secret ! ! — balbutia le médecin.

— J'avais bigrement raison d'affirmer que ces deux mots : *Fortune ignorée* étaient gros de mystère !

— Continue ! continue ! j'ai hâte de savoir !

En disant ce qui précède Jacques semblait en proie à une surexcitation extraordinaire. — Ses pommettes s'empourpraient. — Ses prunelles s'allumaient.

Pascal, très ému de son côté, reprit sa lecture avec fièvre.

— « Ici, et pour ne pas laisser après moi la réputation d'un homme au cerveau mal équilibré, je dois expliquer le motif de ma conduite.

» A l'âge de quarante-cinq ans, seul comme je le suis aujourd'hui, n'ayant point de parents proches ou éloignés, par conséquent aucun héritier naturel, je me pris d'amour pour une jeune fille orpheline, sans fortune, que j'épousai.

» J'avais le légitime espoir que prenant pour femme Jeanne de Rouvray, jeune, charmante, et que j'adorais, je me verrais revivre dans mes enfants.

» En effet, une année après cette union sur laquelle je fondais tous les espoirs de ma vie, Jeanne de Rouvray, comtesse de Thonnerieux, me donna une fille.

» Cette naissance m'enivra d'une joie si profonde, que je résolus d'en témoigner ma reconnaissance à Dieu en la faisant partager à d'autres.

» Un moyen se présentait d'atteindre ce but, c'était d'assurer une fortune à tous les enfants qui, dans l'arrondissement que j'habitais, seraient nés le même jour que ma fille Marie.

» D'accord avec madame de Thonnerieux, je disposai à cet effet d'une somme importante, que je grossis plus tard quand le malheur eut fait le vide dans ma maison, et qui atteint aujourd'hui le chiffre de quatre millions huit cent mille francs.

» Les enfants inscrits sur les registres de l'état civil du sixième arrondissement comme venus au monde à la même date que ma fille étaient au nombre de six. — Donc une somme de huit cent mille francs se trouve acquise à chacun d'eux, et je dois lui verser cette somme le jour de sa majorité. »

XXXI

Pascal continua :

— » Si je venais à mourir avant l'époque où ils atteindront cette majorité, la part d'héritage afférente à chacun d'eux lui serait remise par mon exécuteur testamentaire.

» Voulant soustraire des capitaux que je considérais comme ne m'appartenant plus aux chances de pertes si nombreuses à une époque troublée par des bouleversements continuels ; désireux d'éviter qu'ils puissent être compromis et diminués dans des placements sûrs en apparence, mais aléatoires en réalité, j'ai trouvé sage de sacrifier les intérêts pour assurer l'intégralité du capital, et j'ai déposé la part de chaque enfant dans un endroit secret...

La sueur coulait du front de Pascal.

Sa gorge était sèche. — Un tremblement nerveux

agitait ses mains ; il s'arrêta pendant un instant.

— Continue !... continue donc ! — dit Jacques d'un ton presque impérieux.

Le jeune homme vida d'un seul trait un grand verre rempli d'eau fraîche, et poursuivit :

— » Un mois après la naissance de ma fille, j'appelai près de moi les chefs des familles des six enfants inscrits au registre des naissances de mon arrondissement et, sans leur révéler le chiffre de la somme à toucher, je remis à chacun d'eux une pièce d'or, ou plutôt une médaille commémorative frappée tout exprès, qui devait être par lui donnée à son enfant, pour être, vingt et un ans plus tard, présentée par celui-ci, soit à moi, soit à mon exécuteur testamentaire.

» Ces médailles portent sur leur face un numéro d'ordre, le millésime de l'année et la date du jour de la naissance de ma fille ; — sur l'autre face, le numéro d'ordre répété, et trois mots gravés au-dessus les uns des autres.

Jacques Lagarde avait saisi la médaille d'or posée sur la table, et la dévorait des yeux tandis que Pascal continuait :

— » Sur la présentation de cette médaille et des pièces établissant son identité, chaque enfant touchera la somme à lui affectée par mon testament.

» Si j'ai cessé de vivre à cette époque, mon exécuteur testamentaire aura mission de mander auprès de lui les intéressés ; — il prendra les six médailles, ainsi que celle placée dans le coffret où je dépose mon testament et, les rangeant l'une à côté de l'autre par numéros d'ordre, il pourra lire les trois lignes formées par les mots gravés sur chaque médaille.

» Les phrases constituées par ces trois lignes indiqueront l'endroit où se trouvent cachés les quatre millions huit cent mille francs.

» Si, au moment de l'ouverture de mon testament, l'un ou plusieurs des héritiers n'existaient plus, la part où les parts des décédés seraient partagées également entre les survivants.

» Il faut tout prévoir : — si, par suite du décès de l'un ou de l'autre de ces enfants, une ou plusieurs médailles venaient à manquer et empêchaient de reconstituer les phrases indiquant l'endroit où se trouve la fortune, mon notaire, qui est mon exécuteur testamentaire, se rendrait à la salle de travail de la Bibliothèque nationale, et demanderait communication d'un volume intitulé : *LE TESTAMENT ROUGE, mémoires du sieur de Laffémas pour servir à l'histoire de Son Eminence le cardinal de Richelieu, premier ministre de Sa Majesté très chrétienne le roy Louis XIII, — publié à Amsterdam*, anno Domini 1674.

La voix de Pascal était devenue haletante, presque indistincte.

Un frisson passait sur la chair.

Une indicible émotion s'emparait de tout son être. .

Pour la seconde fois il s'arrêta.

— Va donc !... Va donc ! — commanda Jacques.

L'ex-secrétaire du comte de Thonnerieux reprit :

— » Etant en possession de ce volume, il l'ouvrira à la vingtième page et réunira en une seule ligne les mots et les lettres qu'il y verra soulignés à l'encre rouge. — Il continuera le même travail sur les trois pages suivantes, et les mots alignés formeront les trois phrases gravées sur les médailles, phrases qui lui indiqueront clairement l'endroit où se trouve déposée la fortune des six enfants. .

— Tonnerre ! — s'écria Jacques Lagarde, en se levant très pâle et les yeux flamboyants. — Il me semble que je fais un rêve ! — A nous les millions, Pascal ! à nous !... à nous seuls ! — Comprends-tu ?

— Oui, pardieu ! je comprends ! — répliqua le jeune homme, envahi comme Jacques par la fièvre de l'or. — Le hasard fait tomber dans nos mains le secret du comte ! — Le *Testament Rouge* de la Bibliothèque nationale va nous apprendre en quel endroit les millions sont cachés !

— Avant un an, disais-tu tout à l'heure, nous

serons riches de trois millions ! — reprit Jacques. — Tu te trompais, car avant huit jours, nous en aurons presque cinq !... A quoi bon désormais m'incarner en docteur Thompson ? — Marthe Grandchamp ne nous est plus utile ! ! — Quatre millions huit cent mille francs ajoutés à ce que nous possédons déjà, nous donneront deux cent cinquante mille livres de rentes ! ! — L'avenir est à nous, Pascal ! à nous tous les plaisirs, toutes les jouissances, tous les luxes, même celui d'être honnêtes ! — Nous le pouvons ! nous sommes riches.

— Oui, nous sommes riches ! mais laisse-moi terminer la lecture du testament ! — Je tiens à m'assurer qu'aucun paragraphe inopportun ne vient se mettre à la traverse de nos espérances.

Et le jeune homme, d'un ton redevenu très calme, articula ces dernières phrases :

» Je le répète, tout enfant se présentant le jour de sa majorité avec la médaille commémorative, devra être muni en même temps de son acte de naissance et d'une pièce authentique permettant de constater son identité.

» A l'heure où j'écris et où je signe ce testament les six enfants appelés à se partager les quatre millions huit cent mille francs sont vivants encore, cela résulte d'informations prises à une date récente.

» J'inscris ici leurs noms et leurs adresses actuelles, en suivant les numéros d'ordre des médailles qui leur ont été remises. — Grâce à cette précaution, les recherches de mon exécuteur testamentaire se trouveront simplifiées.

» N° 1 : — Le comte Fabien de Chatelux, fils de Jean de Chatelux, décédé, et de Georgine de Graves. — Rue de Tournon, 19.

» N° 2 : — (La médaille portant le numéro 2 est celle qui se trouve déposée avec mon testament.)

» N° 3. — René-Didier Labarre, fils de Didier Labarre, avocat décédé, et de Marie-Thérèse Fauvel. — Rue du Cherche-Midi, 52.

» N° 4. — Amédée Duvernay, fils de Nicolas-Fulgence Duvernay, peintre en bâtiments, et de Célestine Virginie Baudoin. — Rue de Vaugirard, 25.

» N° 5. — Prosper Jules Boulenois, fils de Gratien Boulenois, commissionnaire, et de Jeanne Dupuis. — Rue des Récollets, 17.

N° 6. — Marthe-Emilie Berthier, fille naturelle de Périne Berthier, mariée depuis. — Résidant à Genève, route de Lausanne, numéro 49.

» N° 7. — Albert-Paul Fromental, fils de Raymond Fromental, employé, et de Marie Pourny, décédée. — Rue Saint-Louis-en-l'Ile, numéro 34.

» Fait à Paris, le 22 mai 1879.

» PHILIPPE ARMAND, COMTE DE THONNERIEUX. »

— Et c'est tout, — dit Pascal en posant le testament sur la table.

— Ça ne change absolument rien à nos chances... — fit Jacques Lagarde. — Nous hériterons au lieu et place de ces gens-là, sans nous donner beaucoup de mal... — Quand nous saurons où ce vieux fou de comte a déposé l'argent, nous n'aurons que la peine de le prendre...

— Dès demain, — reprit Pascal en mettant le testament dans sa poche, — j'irai à la Bibliothèque nationale...

Les deux complices n'avaient pour le moment plus rien à se dire.

Ils regagnèrent leurs chambres respectives, afin d'y prendre un peu de repos.

Debout à neuf heures du matin, ils se réunirent, échangèrent une poignée de main et se demandèrent en souriant si pendant la nuit qui venait de s'écouler ils n'avaient point rêvé.

Les liasses de billets de banque, les paquets de valeurs et le testament du comte de Thonnerieux offraient la preuve matérielle du contraire.

L'évidence s'imposait.

— Tu vas à la bibliothèque ? demanda Jacques à Pascal, qui répondit :

— Je commencerai par opérer l'échange des valeurs non nominatives contre de bons billets de

5.

mille, et je n'irai à la bibliothèque qu'après déjeuner.

— Désires-tu que je t'accompagne ?

— Il me semble que cela peut être utile...

— Mais, Angèle et Marthe nous attendent... ou tout au moins l'un de nous...

— Rien de plus facile que de leur envoyer une dépêche pour les rassurer au sujet de notre absence prolongée.

— Tu as raison...

Pascal se munit des bons du Trésor, des actions, des obligations au porteur, descendit avec Jacques, et tous deux gagnèrent un bureau télégraphique, d'où une dépêche signée *Thompson* partit pour le *Petit-Castel*.

Les complices se rendirent ensuite chez un changeur où fut opérée sans la moindre difficulté la négociation des titres qu'on devait leur envoyer payer à domicile, après s'être assuré qu'ils n'étaient point frappés d'opposition.

Ils déjeunèrent dans un restaurant du boulevard, et après leur repas, le corps bien lesté, l'esprit joyeux, le sourire aux lèvres, ils prirent le chemin de la Bibliothèque nationale.

Ni l'un ni l'autre ne connaissaient les us et coutumes de ce palais de la science et des patientes recherches.

Le concierge auquel ils s'adressèrent leur indiqua la salle de travail.

Ils s'engagèrent dans la galerie où se trouve l'ouverture de cette salle et ils allaient en franchir le seuil, mais le gardien chargé de la distribution des bulletins personnels les arrêta par ces mots :

— Pardon, messieurs... avez-vous des cartes d'admission?...

— Non, monsieur, — répondit Pascal.

— Alors, vous ne pouvez entrer...

— Pourquoi donc?

— Parce que, pour venir travailler ici, il faut être muni d'une carte dont on a fait la demande à M. le directeur de la Bibliothèque.

— Je regrette beaucoup d'être resté dans l'ignorance de ce détail, monsieur, — dit Jacques, qui jusqu'à ce moment n'avait pas encore parlé. — Je suis étranger, et je croyais qu'aux étrangers, en raison du peu de temps qu'ils avaient pour visiter toutes les merveilles de votre capitale, on faisait remise de certaines formalités, dont je ne songe point d'ailleurs à discuter la convenance...

— Ah! monsieur est étranger... — fit le gardien avec une certaine déférence.

— Oui, monsieur... — Sujet américain... Docteur en médecine...

— Et monsieur vient en simple visiteur? sans aucun but de recherches?

— Pardon, nous voudrions consulter un livre rarissime, ou pour mieux dire unique, car, paraît-il, un seul exemplaire existe, et cet exemplaire se trouve ici...

— Puisqu'il en est ainsi, monsieur, — répliqua le gardien, — je prendrai sur moi d'adoucir la consigne habituellement inflexible... — En votre double qualité d'étranger et de savant les portes vous sont ouvertes.

Il ajouta, en donnant à chacun des deux hommes un bulletin personnel :

— Ceci vous permettra de demander l'ouvrage ou les ouvrages que vous désirez consulter... — Choisissez une place sur les bancs, et conformez-vous aux indications qui sont inscrites à ces bulletins.

— Comment nous y prendre pour obtenir le volume objet de nos recherches ?

— Adressez-vous à l'estrade, au fond de la salle. — Un des bibliothécaires vous répondra.

— Merci, monsieur...

Toute la conversation que nous venons de reproduire avait eu lieu à voix très basse, car le silence, on doit le comprendre, est absolument de rigueur dans la salle de travail.

Jacques et Pascal prirent possession de deux cases inoccupées d'un banc situé très à l'écart.

Pascal lut attentivement les indications fournies par les bulletins relativement à la marche à suivre et aux formalités à remplir.

Il se pencha vers son compagnon, qui avait lu en même temps que lui, et lui glissa dans l'oreille ces mots :

— Inscrivons les premiers noms venus. — Je crois que ce sera prudent... — Est-ce ton avis?

— Absolument.

Et tous deux remplirent les bulletins en y traçant des noms supposés et des adresses de fantaisie.

— Maintenant je vais demander le bouquin en question... — fit Pascal quand ce travail fut achevé.

Et il se dirigea vers l'estrade où siègent les bibliothécaires.

— Monsieur, — dit le jeune homme après salué l'employé aux demandes, — je voudrais avoir communication d'un ouvrage.

L'employé lui tendit un bulletin blanc, et répondit :

— Veuillez faire votre demande, monsieur, en remplissant les cases de ce bulletin.

Pascal prit le papier et regagna sa place en murmurant *in petto* :

— En voilà, des complications, pour une chose si simple!!...

Les formalités à remplir pour obtenir communication des volumes sont en effet très compliquées, et la consigne ne plie jamais en ce qui les concerne, mais ces formalités sont indispensables en ce qu'elles simplifient les recherches et rendent les vols plus difficiles.

Nous disons *plus difficiles* et non pas *impossibles*, car malgré les précautions prises et la surveillance rigoureuse, de temps en temps des volumes précieux disparaissent, sans qu'il soit possible de mettre la main sur les bibliophiles entièrement dépourvus de délicatesse.

Arrivé à sa stalle, Pascal Saunier se conforma, pour remplir le bulletin de demande qu'on lui avait remis, aux prescriptions imprimées en regard de chaque case.

Ceci fait, il retourna près de l'estrade, et présenta au bibliothécaire son bulletin.

XXXII

La note de demande était ainsi conçue :

« *Numéro de la place occupée par le lecteur* : 177. »

« *Nom de l'auteur* : DE LAFFÉMAS.

» *Titre de l'ouvrage* : LE TESTAMENT ROUGE, *mémoires du sieur de Laffémas, pour servir à l'histoire de son Eminence le cardinal de Richelieu, premier ministre de sa majorité très chrétienne le Roy Louis XIII.*

» *Lieu de la publication* : AMSTERDAM.

» *Date de la publication* : ANNO DOMINI 1674

» *Nom du lecteur* : JULES DURIEU.

» *Adresse* : RUE DE L'UNIVERSITÉ N° 28.

Ce nom et cette adresse, on le voit, ne pouvaient dans aucun cas devenir compromettants pour Pascal.

Le bibliothécaire prit le bulletin, y traça quelques

signes hiéroglyphiques et le passa à un employé en sous-ordre.

Pascal, en homme qui n'est nullement au courant des habitudes de la Bibliothèque, restait debout et immobile en face de l'estrade, attendant.

— Regagnez votre place, monsieur, — lui dit en souriant le bibliothécaire.

— Mais le volume ?

— On vous le portera.

L'ex-secrétaire du comte de Thonnerieux retourna prendre possession de la stalle 177.

Cinq minutes s'écoulèrent.

L'ouvrage demandé n'arrivait pas.

L'attente semblait singulièrement longue aux deux complices anxieux.

L'extrême surexcitation de leurs nerfs faisait trembler leurs lèvres ; les coups rapides et irréguliers de leurs cœurs ébranlaient les parois de leurs poitrines.

Le moment était proche où le *Testament Rouge* serait dans leurs mains, et avec lui la révélation de l'endroit secret où le feu comte avait caché les quatre millions huit cent mille francs destinés aux six enfants nés le même jour que sa fille.

Rien ne pouvait empêcher, selon toute apparence, que le livre leur fût remis, et cependant ce retard leur semblait de mauvais augure.

D'une façon vague et toute instinctive, ils avaient peur de voir le secret leur échapper.

A mesure que les minutes se succédaient, l'impatience des deux complices atteignait son paroxysme.

Jacques mordait sa moustache.

Pascal fiévreux, les poings crispés, enfonçait, sans les sentir, ses ongles dans les paumes de ses mains.

Enfin un employé parut, portant un volume relié en basane, à tranches rouges, et le posa sur la tablette en face de Pascal, avec le bulletin, en lui disant :

— Monsieur, voici l'ouvrage que vous avez demandé...

Puis il s'éloigna.

Le jeune homme saisit le volume avidement.

Il l'ouvrit à la première page et lut le titre.

— LE TESTAMENT ROUGE ! — fit-il, — c'est bien cela !...

— Vite à la vingtième page, — lui dit Jacques d'une voix sourde.

Pascal dont les doigts tremblaient feuilleta le livre, s'arrêta à la vingtième page, et ses yeux cherchèrent avec obstination sur cette page les signes à l'encre rouge mentionnés par le comte de Thonnerieux dans son testament.

Aucun de ces signes ne s'y trouvait.

Les caractères noirs de l'imprimerie tranchaient

seuls sur le blanc un peu jauni du papier de fil.

Le jeune homme devint pâle.

Une contraction douloureuse lui serra le cœur.

— Il n'y a rien... — balbutia-t-il d'une voix éteinte à l'oreille de Jacques.

— Rien!... — répliqua ce dernier. — C'est impossible!!

— Regarde toi-même...

Jacques saisit le volume d'une main fiévreuse.

A son tour il interrogea les interlignes de la vingtième page, puis ceux des deux pages suivantes.

Ce fut en vain.

— Tu as raison... — bégaya-t-il ensuite. — Rien!... Ni une ligne, ni un mot, ni une lettre n'ont été soulignés!... — Ne nous sommes-nous point trompés?

— Le testament de M. de Thonnerieux désigne-t-il bien ces pages?

— Il est facile de s'en assurer... — murmura Pascal.

En même temps il tirait de son portefeuille le testament du comte et il cherchait le paragraphe indiquant les pages du livre.

— Non... non... nous ne faisons point erreur... — ajouta-t-il après examen. — Vois toi-même... — pages vingtième, vingt et unième, vingt-deuxième...

— Et sur ces pages il n'y a rien!! — fit Jacques

d'une voix sifflante. — Cela semble impossible, et pourtant cela est !!... — C'est bien le volume indiqué, cependant...

En disant ce qui précède le médecin reprenait le volume des mains de Pascal, et de nouveau il en examinait le titre.

Tout à coup, une sourde exclamation s'échappa de ses lèvres.

— Qu'y a-t-il ? — demanda le jeune homme avec inquiétude.

Au lieu de répondre, Jacques posa cette question :

— Quel est, d'après le testament du comte, le lieu de publication du volume ?

— Amsterdam.

— Et la date de publication ?

— 1674.

— Eh bien ! il y a ici erreur matérielle... — dit le médecin en poussant un soupir d'allègement.

— Erreur matérielle ? — répéta le jeune homme stupéfait et ne comprenant pas.

— Oui... Le bibliothécaire s'est trompé non d'ouvrage, mais d'édition... Ce volume a été publié non à Amsterdam en 1674, mais à La Haye en 1677... Va réclamer l'édition d'Amsterdam...

Pascal prit les *Mémoires du sieur de Lafférmas* et se dirigea vers l'estrade des bibliothécaires.

— Monsieur, — dit-il à l'un d'eux, — je viens vous

signaler une erreur involontaire et vous prier de la réparer.

— De quoi s'agit-il, monsieur ?

— De ce volume. — Il a été publié à La Haye en 1677, et j'avais demandé l'édition d'Amsterdam, *ex anno Domini* 1674.

Le bibliothécaire s'assura de *visu* du bien fondé de la réclamation et répliqua :

— En effet, monsieur, ceci est le résultat d'une erreur de classement qui sera vite réparée. Veuillez attendre un instant.

Prenant alors un bulletin blanc sur lequel il traça quelques mots, le bibliothécaire le joignit au livre et appela un garçon de bureau auquel il dit :

— Montez au rayon Z et remettez ceci à M. Delorge, chef du rayon.

Le garçon de bureau obéit.

Quelques secondes plus tard il revint, tenant un volume dont la vue fit battre de joie le cœur de Pascal.

Mais c'était une fausse joie.

— Monsieur, — fit le sous-ordre en s'adressant au bibliothécaire, — je rapporte le même ouvrage... l'édition de 1674 n'est plus en rayon.

— Comment cela ?

— Le volume publié à Amsterdam a disparu il y a quatre jours, en même temps qu'une *Vie du Père*

Joseph, et que les *Mémoires du comte de Rochefort...*

— M. Delorge affirme que vous devez avoir eu connaissance de ce vol.

— C'est juste. Seulement je ne me souvenais plus des titres des ouvrages sur lesquels il avait porté.

Pascal se trouvait dans l'état moral d'un homme qui vient de recevoir un violent coup de marteau sur la tête.

Toutes ses idées étaient en complet désarroi...

— Figurez-vous, monsieur, — continua le bibliothécaire, — que depuis six semaines il se commet des vols à la Bibliothèque... — Plus de douze ouvrages ont déjà disparu et, quoiqu'on ait redoublé de surveillance, il a été impossible jusqu'à présent de découvrir le voleur... — Notre unique espoir est qu'un de ces jours il se livrera lui-même par quelque maladresse... — La Bibliothèque alors rentrera dans son bien, car elle aura le droit de se faire restituer les ouvrages dérobés, quel qu'en soit le détenteur, même s'il justifiait d'un achat et s'il arguait de sa bonne foi... Vous pensez bien que le voleur est assez intelligent pour ne mettre la main que sur des livres rares et d'un prix considérable...

L'ex-secrétaire du comte de Thonnerieux sentait ses jambes chancelantes se dérober sous lui.

— Comment, — balbutia-t-il, — comment peut-on

s'y prendre pour voler ici des livres?... pour les sortir de la Bibliothèque?...

— Hélas! monsieur, nous l'ignorons... sans cela nous empêcherions le fait de se renouveler... — L'absence de cette édition d'Amsterdam vous contrarie beaucoup?

— Oui, monsieur, beaucoup, car nos recherches devaient porter sur un passage supprimé dans l'édition de La Haye de 1677.

— Croyez, monsieur, à tous mes regrets...

Pascal s'inclina et rejoignit Jacques qui s'impatientait en le regardant de loin causer avec le bibliothécaire, sans entendre une seule des paroles échangées.

— Ah ça! qu'est-ce qui se passe? — lui demanda-t-il en le voyant revenir les mains vides et le front assombri.

— Il se passe que la chance tourne!... Elle semblait pour nous... Elle est contre nous...

— La fortune nous échappe!!

— Explique-toi!! — Le volume?...

— N'est plus à la Bibliothèque...

— Mais il y rentrera?

— Non! — Il a été volé il y a trois ou quatre jours et pour retrouver le voleur, par conséquent le livre, on ne peut compter que sur le hasard, tout indice faisant défaut...

Jacques eut grand'peine à retenir une exclamation de colère.

— Silence et sortons ! — reprit Pascal. — Nous causerons dehors...

Les deux complices aussi pâles l'un que l'autre, la tête basse, le cœur serré, quittèrent la salle de travail, puis la Bibliothèque.

Aussitôt dans la rue, Jacques voulut parler.

Son compagnon l'arrêta par ces mots :

— Non... pas ici... — il y a trop d'oreilles ouvertes autour de nous... — Prenons un fiacre...

Tous deux montèrent dans une voiture fermée.

— Où allons-nous ? — demanda le cocher.

— A la gare de Vincennes.

— Hue, Cocotte !...

Et le cheval partit au petit trot.

— Maintenant, personne ne peut nous écouter, n'est-ce pas? — dit Jacques avec impatience. — Des détails, vite ! — Le *Testament Rouge* a été volé ?...

— Oui, ainsi que plusieurs autres ouvrages.

Et Pascal Saunier répéta les explications données par le bibliothécaire au sujet des vols commis depuis quelques semaines.

— Ainsi donc, — s'écria Jacques Lagarde avec une rage indicible, quand le récit de Pascal fut achevé, — un homme a dans les mains notre secret... le secret du comte... et peut s'en servir !...

— Assurément non ! — répliqua l'ex-secrétaire de Philippe de Thonnerieux.

— Pourquoi?

— Parce qu'il ignore la valeur de ce qu'il possède... — Parce que personne ne peut deviner le secret sans en avoir la clef...

— Tout au moins, nous empêche-t-il de le connaître, nous.

— Quant à cela, c'est indiscutable.

— Et les quatre millions huit cent mille francs seraient perdus pour nous!! — Et nous abandonnerions cette fortune qui s'offrait si bien à nous, que nous n'avions qu'à étendre la main pour la saisir!!

— Que veux-tu faire à cela? — Le coup est d'autant plus rude qu'il était inattendu! La chute est lourde, car nous tombons de haut! — malheureusement on ne lutte pas contre l'irrémédiable... — Portons notre deuil des millions, et n'y pensons plus...

Un silence de quelques secondes suivit ces paroles.

Jacques était devenu songeur.

— Porter notre deuil des millions !! — s'écria-t-il tout à coup. — N'y plus songer! Allons donc!! — Tu les crois perdus pour nous ?

— Dame ! il me semble...

— Eh bien! tu te trompes!! — Ils sont, ou plutôt ils seront à nous...

— Je ne demande pas mieux... c'est le moyen que je ne vois pas...

— C'est que tu es aveugle, mais je vais te le faire toucher du doigt ! — A défaut du *Testament rouge* les médailles, réunies dans l'ordre des numéros qu'elles portent, désignent l'endroit où les quatre millions huit cent mille francs sont enfouis...

— Oui.

— Eh, bien ! il nous faut les médailles...

— Il nous les faut, c'est facile à dire... — Elles sont dans les mains de six personnes..

— Qu'importe ? — Nous les aurons.

— Comment ?...

— Nous les aurons ! — répéta Jacques avec un accent farouche. — Par la ruse, par la force, par le crime au besoin ! Laisse-moi faire ! ! — Ce qui va se passer m'apparaît nettement... — Marthe Grandchamp, de qui nous croyions, hier, pouvoir nous passer désormais, sera demain la cheville ouvrière de notre œuvre, l'instrument de notre succès... — Ne m'interroge pas et contente-toi de me croire !

— Nous serons riches ! !

Le fiacre s'arrêta.

On était arrivé à la gare.

Les deux hommes descendirent et prirent des tickets pour le train prêt à partir.

Ils allaient au *Petit-Castel*.

XXXIII

Un intervalle de quelques jours s'était écoulé depuis les événements que nous venons de raconter.

Nous allons, en aussi peu de lignes que possible, tenir nos lecteurs au courant des agissements des principaux personnages de ce récit.

Pascal Saunier et Jacques Lagarde mûrissaient avec une sage lenteur le projet né dans l'esprit du médecin, à l'issue de la visite des deux complices à la Bibliothèque nationale où ils avaient appris que le TESTAMENT ROUGE, *mémoires du sieur de Laffémas*, avait été dérobé par un voleur inconnu, ce qui détruisait les espérances fondées par eux sur la communication de ce livre.

Tout d'abord Jacques et Pascal avaient pris des mesures pour établir leur position d'une façon nette, indiscutable, et pour ne pouvoir être confondus un seul instant avec ces intrigants vulgaires qui foisonnent à Paris.

Comment en effet mettre en suspicion un étranger qui, à sa qualité de savant médecin joignait celle, plus solide encore, de riche propriétaire foncier, et venait se fixer à Paris avec son secrétaire?

C'était matériellement impossible.

A la propriété foncière s'attache une considération facile à comprendre.

Tel qui se prétend millionnaire peut à merveille n'avoir pour toute fortune que de l'impudence et des dettes. — Impossible de vérifier le contenu du portefeuille.

Quand le *bien*, au contraire, s'étale en plein soleil, sous forme de prairies, de champs ou de maisons, on ne peut nier qu'il existe, puisqu'on le voit.

Or, au point de vue d'un très grand nombre de braves gens, il y a bien des chances pour que quiconque *possède* d'une façon authentique, soit honnête; la fortune, selon le vulgaire, constituant à elle seule un brevet d'honnêteté.

C'est faux, c'est immoral, mais que voulez-vous, c'est ainsi.

En conséquence, Pascal et Jacques étaient tombés d'accord pour acheter le *Petit-Castel*.

L'acquisition avait été faite au nom du docteur américain James Thompson, qui déjà habitait la propriété comme locataire et qui, riche capitaliste, embarrassé de ses capitaux trop nombreux, s'était fait un plaisir de payer comptant.

Angèle et Marthe, nous le savons, se trouvaient installées au *Petit-Castel* avec les deux domestiques alsaciens, sur lesquels on pouvait compter, et sous leur direction tout avait été mis en ordre dans la maison où Marthe, très éprise de la campagne, se plaisait beaucoup.

Jacques et Pascal n'y venaient que par intervalles.

Des affaires sérieuses les retenaient à Paris, où ils continuaient d'habiter l'hôtel du *Parlement*.

Ceci ne faisait point du tout le compte d'Angèle qui aurait voulu avoir sans cesse Pascal auprès d'elle, mais le jeune homme lui imposant sa volonté et exerçant sur elle une domination absolue, elle acceptait son rôle avec résignation, sans trop oser se plaindre.

Il était néanmoins convenu que dans un temps prochain on vivrait tous ensemble, tantôt à Paris, tantôt à la campagne, et qu'Angèle devrait se débarrasser de son logement et de son mobilier désormais inutiles, ainsi que de son fonds de marchande à la toilette.

Marthe avait prié Jacques Lagarde, — ou plutôt le docteur Thompson, puisqu'elle ne le connaissait que sous ce nom, — de réclamer à la gare du P.-L.-M. les malles qui s'y trouvaient sans le moindre doute, puisque, avant de quitter Genève avec sa fille, Périne Grandchamps les avait expédiées par la petite vitesse.

Le docteur s'était empressé de satisfaire aux désirs de la jeune fille qui n'avait pu retenir ses larmes en revoyant tous ces objets dont chacun lui rappelait sa pauvre mère.

Nous n'avons pas besoin d'affirmer que les deux complices se gardaient bien de parler à Marthe ou même à Angèle des origines de leur fortune de fraîche date.

Marthe, de la meilleure foi du monde, croyait le docteur Thompson extrêmement riche.

Angèle, moins confiante, ne s'illusionnait point sur le personnage et ne supposait guère que sa fortune, — si cette fortune existait, — eût une source honorable, mais, sachant que Pascal détestait les questions, elle n'osait l'interroger.

Elle se bornait à obéir passivement, sans discussion et même sans réflexion, ainsi que doit le faire un soldat bien discipliné.

Donc Pascal et Jacques passaient à Paris la plus grande partie de leur temps, cherchant les moyens pratiques d'assurer la mise à exécution du plan de Jacques, et combinant ces moyens avec l'ingéniosité d'un auteur dramatique qui soigne son scénario.

6.

Nous les retrouverons tous les deux dans le petit salon de l'appartement qu'ils occupaient en commun à l'hôtel du *Parlement*.

— Surtout, — disait Pascal, — ne faisons rien à la légère. — Avant d'agir pesons bien les choses... examinons le pour et le contre.

— Si nous voulons mettre la main sur les quatre millions huit cent mille francs du comte de Thonnerieux, — et nous le voulons ! — il n'y a plus à hésiter ! — répliqua Jacques. — Nos réflexions, depuis huit jours, nous ont montré le fort et le faible de l'entreprise. — Nous savons ce qui peut nous servir et ce qui peut nous nuire... — Hâtons-nous donc de prendre une détermination et, une fois cette détermination prise, ne varions plus ! — Se mettre à la recherche du volume dérobé serait de la folie pure ! — Nous pourrions multiplier les démarches pendant dix ans, pendant quinze ans, sans retrouver l'auteur du larcin ! ! — Rien ne nous prouve, d'ailleurs, qu'en retrouvant l'homme nous retrouverions le volume...

— Il peut l'avoir vendu... ou bien, ne parvenant pas à s'en défaire et craignant de se compromettre, il peut l'avoir détruit... Est-ce juste ?

— C'est juste.

— Donc, une dernière fois, je résume la situation. — Le comte de Thonnerieux a déposé dans un endroit secret la somme énorme que nous convoitons... — Le précieux bouquin de la Bibliothèque nationale nous indiquait cet endroit... — Le bouquin nous échappe... — N'y pensons plus ! — Une ressource nous reste... une seule... c'est la réunion des médailles commémoratives distribuées par le comte aux six enfants dont il voulait assurer la fortune... — Ces médailles réunies et placées l'une à côté de l'autre, selon leurs numéros d'ordre, nous donneront l'indication que le *Testament rouge* nous aurait donnée...

Pascal était devenu très sombre.

— Sans doute ! — fit-il avec une sorte d'emportement. — Mais, une fois de plus je te le répète, ces médailles sont en la possession de six personnes qui, certes, ne s'en dessaisiront pas !

— Pourquoi ne s'en dessaisiraient-elles pas ? — demanda Jacques très calme.

— Eh ! tu le sais aussi bien que moi !... Parce qu'elles leur assurent une fortune.

Le médecin haussa les épaules.

— Fortune singulièrement illusoire ! — répliqua-t-il. — Le testament du comte est supprimé et ne reparaîtra jamais, n'est-ce pas, puisque c'est nous qui le tenons ?

— D'accord. — D'où tu conclus ?...

— Que les médailles n'ayant plus que la valeur du métal, les héritiers sans héritage n'auront aucune raison valable pour tenir à les conserver.

— Il suffirait, pour les mettre en défiance, qu'on leur proposât d'acheter ces médailles, et de la défiance au soupçon il n'y a qu'un pas... Or, l'enquête résultant de ces soupçons amènerait pour nous de fâcheux résultats...

— Puissamment raisonné. Aussi, ces médailles, il ne faut pas les demander il faut le prendre...

— Et si ceux qui en sont possesseurs les défendent?

— S'il les défendent, tant pis pour eux !...

— La violence... le sang versé... — balbutia Pascal avec un geste de répugnance.

— Pourquoi donc pas, s'il le faut absolument? — Ici-bas, chacun pour soi ! — Le combat pour la fortune, par conséquent pour la vie, rien de plus légitime ! — Est-ce que les nations hésitent à se déclarer la guerre quand il s'agit de conquérir ou de reprendre une province ? — Ce sont alors des fleuves de sang qui coulent !... les morts se comptent par centaines de mille !... — Qu'est-ce à côté de cela que six personnes à supprimer? — en admettant qu'on les supprime. — Une bagatelle !... moins que rien !...

— Et le danger?...

— De quel danger, parles-tu?

— Admets-tu donc que six personnes puissent disparaître dans une même ville, en un laps de temps très court, sans que la justice prennent l'éveil? — Es-tu bien sûr qu'avant d'arriver au terme de notre entreprise nous n'aurons point à nous repentir de l'avoir commencée?...

— Pour n'avoir rien à craindre il suffit d'être adroit et prudent...

— Pas toujours.

Jacques regarda Pascal bien en face.

— Ah ça! mais, — lui demanda-t-il d'un ton presque méprisant, — est-ce que, par hasard, tu aurais peur?...

Pascal haussa les épaules.

— Peur!... — répéta-t-il. — Tu sais bien que non!

— Alors donc, plus d'hésitation, plus de retards. Agissons et agissons vite, aujourd'hui plutôt que demain. — As-tu pris des renseignements au sujet des détenteurs des six médailles?

— Oui, et de ces renseignements résultent pour moi de très sérieuses appréhensions.

— Au sujet de quoi?

— Trois des enfants nés le même jour que la fille du comte de Thonnerieux sont dans des positions bien au-dessus de la moyenne... — L'un est le fils de la comtesse de Chatelux. — Le second, fils d'un certain Raymond Fromental et ami intime de Fabien de Chatelux, se prépare, comme lui, aux examens de l'École polytechnique. — Le troisième, fils de feu l'avocat Labarre, fait ses études pour être prêtre. — Comment atteindre ces gens-là ?

— Je n'en sais rien encore. Mais les moyens, quels qu'ils soient, seront bons, n'en doute pas ! — Aucun homme, si importante que soit sa position, n'est invulnérable quand on sait exploiter habilement ses goûts, ses instincts, ses passions... — C'est pour cela que je veux faire de Marthe Grandchamp le plus utile des instruments, le plus puissant des leviers. — Souviens-toi de notre entretien dans la campagne de Joigny... — Ce que je pensais alors, je le pense encore aujourd'hui. — Qu'est-ce, au juste, que la comtesse de Chatelux ?

— Une fort *grande et honneste dame*, comme disait le sire de Brantôme... — Elle est veuve, elle adore son fils et vit très retirée... — Le comte de Thonnerieux, mon ci-devant patron, éprouvait pour elle autant d'estime que d'amitié...

— Parle-moi de Fromental.

— Le fils ?

— Oui.

— Un charmant jeune homme, m'a-t-on dit... — doux et timide comme une fille... — intelligent, travailleur, mais d'une santé très délicate...

— Le père ?

— Un employé.

— Un employé de quoi ? — de l'Etat ? — d'une administration particulière ?

— Je l'ignore... — Il y a très certainement une obscurité entretenue à dessein autour de la vie de cet homme... — Je n'ai pu obtenir sur lui que des renseignements vagues, incomplets, contradictoires...

— Quel genre de femme est madame Labarre, la veuve de l'avocat ?

— Une gaillarde qui, après avoir rendu son mari très malheureux, s'arrange joyeusement du veuvage... Elle ne se décide point à vieillir, ou plutôt elle se croit, de la meilleure foi du monde, toujours jeune et toujours belle, et de fait elle est encore, sinon jeune du moins jolie... On glose beaucoup sur elle ; il est certain que sa vie manque de dignité... La présence de son fils auprès d'elle lui semblait gênante ; en conséquence, paraît-il, elle a grandement encouragé la vocation du jeune homme pour l'état ecclésiastique... si tant est que cette vocation existât...

— Où le futur abbé fait-il ses études ?

— Au grand séminaire de Saint-Sulpice.

— Il sera sans doute difficile d'approcher celui-là.

— Je crains même que ce ne soit impossible... — hasarda Pascal.

— Allons donc ! — rien n'est impossible pour qui

sait vouloir... — Occupons-nous des trois autres...

— Le fils de Fulgence Duvernay est ouvrier tapissier... — C'est un garçon d'humeur irascible et de caractère batailleur... — A la suite d'une discussion il a déserté la maison paternelle, où l'on n'a pas de nouvelles de lui depuis cinq ou six mois...

— Alors, tu ne sais pas où il est en ce moment?

— Non, mais je crois improbable qu'il ait quitté Paris, où plus facilement que partout ailleurs il peut vivre de son état... — En se donnant la peine de faire quelques recherches, on le retrouvera...

— Après?

— J'en arrive au fils du commissionnaire, à Jules Boulenois. — Le bruit public affirme que c'est un chenapan de la pire espèce, un pilier d'assommoir, un habitué de bals de barrières... — Son brave homme de père l'a mis à la porte et ne veut point entendre parler de lui... — On ne sait pas comment il vit. — J'ai bien peur qu'il n'ait bu le prix de la médaille sur le zinc des mastroquets...

— Diable! cela pourrait nous gêner beaucoup...

— Il faut s'y attendre cependant; — ce triste sire ne travaille jamais, couche à droite et à gauche, et c'est miracle qu'il n'ait pas encore été ramassé par la police...

— Bref, il est sans domicile.

— Bien entendu.

— Encore un qu'il faudra chercher !...

— Oui, mais on le trouvera en le cherchant bien...

— Nous venons de passer en revue les titulaires de cinq médailles... — Le dernier, ou plutôt la dernière ?

— Est la fille naturelle de Périne Berthier, résidant à Genève et aujourd'hui mariée, paraît-il... — Ici les renseignements me manquent...

— Un voyage en Suisse deviendra nécessaire... — Ah ! tu avais raison, la tâche sera lourde ! — De moins résolus que nous reculeraient découragés... — Si ce volume maudit n'avait pas été volé à la Bibliothèque — continua Jacques en frappant du poing sur la table, — tout aurait été si facile !!

— Est-il donc impossible de deviner l'endroit où le comte a caché les quatre millions huit cent mille francs ? — demanda Pascal.

— Eh ! je me suis déjà mis vainement l'esprit à la torture ! — répliqua Jacques en prenant la médaille d'or trouvée dans le coffret de M. de Thonnerieux — J'ai beau creuser ma cervelle... J'ai beau interroger cette médaille... Rien ! Rien ! Rien !!... — L'une de ses faces porte trois syllabes superposées.

DES

SEPTIÈME

COMPTANT

Ce qui doit vouloir dire : En comptant de la septième... Mais la septième quoi ?... — Je me heurte à un mur infranchissable !... — Oh ! ce problème !... ce problème derrière lequel se cache la fortune... comment le résoudre?

Et Jacques Lagarde, prenant sa tête entre ses deux mains, serra ses tempes comme s'il eût voulu les broyer.

XXXIV

— Enfin que décidons-nous ? — demanda Pascal après un silence.

Jacques releva la tête.

— As-tu trouvé quelque chose de convenable pour notre installation ?

— Oui.

— Qu'est-ce que c'est ?

— Un petit hôtel, rue de Miromesnil, qui me semble réunir les conditions désirées par nous..

— Il est à vendre ou à louer.

— A vendre.

— Tout meublé ?

— Non.

— Le prix ?

— Deux cent vingt-cinq mille francs... — Dans ce quartier, c'est pour rien...

— Deux cent vingt-cinq et cinquante pour les meubles font deux cent soixante-quinze, et quatre-vingt-cinq mille francs le *Petit-Castel* font trois cent cinquante-cinq mille francs. — Il nous restera donc deux cent soixante mille francs disponibles. C'est assez pour attendre.

— Sans compter les honoraires qui seront comptés au docteur Thompson par sa clientèle, — dit Pascal en riant.

— Si sa clientèle se forme... — répliqua Jacques de même.

— Elle se formera, j'en réponds, si tu me laisses faire... — Je ne te demande pas plus de quinze jours pour que les journaux envoient tout ce qu'il y a de mieux à Paris sonner à la porte du très savant et très illustre docteur américain.

— Je m'en rapporte à toi pour l'article *réclame*...

— Sois paisible, ça me connaît. — Alors, nous achetons l'hôtel de la rue de Miromesnil.

— Allons le visiter. — Combien de temps faudra-t-il pour le meubler ?...

— Huit jours à peine. — A Paris, tout se fait vite quand on ne regarde pas à l'argent...

— Eh bien ! dans huit jours, le docteur Thompson fera dans son hôtel une entrée triomphale...

— Nos premiers plans subiront-ils une modification?... — Qu'adviendra-t-il au sujet du tripot déguisé dont nous avions parlé?...

— A bas le tripot!... — Nous avons maintenant des visées plus hautes! — Je ne suis, je ne dois être que le docteur Thompson! — Je recevrai beaucoup, il le faut... — On jouera comme on joue partout, mais on ne volera pas! — Quand on a pour objectif des millions, il serait trop bête de carotter!... — Allons tout de suite rue de Miromesnil et nous achèverons notre journée à la campagne...

Le petit hôtel, visité dans tous ses détails, plut beaucoup à Jacques Lagarde. — Ses dimensions se prêtaient à une ornementation et à un ameublement très élégants et très confortables.

C'est ce qu'il fallait.

Une heure après, les deux complices étaient chez le notaire chargé de la vente. — Jacques se mettait d'accord avec lui et versait entre ses mains une somme de cent mille francs à valoir sur le prix d'acquisition. — Il devait venir payer le surplus de la somme le lendemain, en signant l'acte.

On voit que Pascal accordait une confiance absolue à son ex-compagnon des prisons de Nîmes, puisque tout se faisait au nom ou plutôt au pseudonyme de ce dernier.

Cette confiance — (dont les exemples sont assez

fréquents dans le monde des malfaiteurs) — ne comportait ni restriction, ni arrière-pensée.

Les loups ne se mangent pas entre eux, dit un vieux proverbe auquel il ne faut ajouter qu'une médiocre créance, car les loups quand ils ont faim, dévorent à belles dents un camarade blessé.

Pascal savait cela à merveille, mais il avait étudié longuement dans les prisons de Nîmes le caractère de Jacques Lagarde, et il était ou du moins se croyait absolument certain que son ex-compagnon de captivité ne le trahirait pas, ne le trahirait jamais.

En sortant de chez le notaire tous deux partirent pour le *Petit-Castel*.

— Dès demain, — dit Pascal à Jacques, chemin faisant, — je m'occuperai de notre installation et j'activerai les tapissiers... Je t'ai parlé de huit jours, mais je veux qu'avant ce délai tout soit terminé.

— Et les journaux?

— Dès demain aussi j'irai porter à qui de droit des réclames bien senties, mais je ne puis les rédiger entièrement moi-même à cause de certains mots techniques qu'il faut y glisser avec adresse.

— Je me chargerai de cela... — ce sera fait *secundum artem*...

— Ici se pose une question importante...

— Laquelle?

— Ne serait-il pas à propos que tu allasses, en qualité de confrère étranger désireux de témoigner ton estime aux illustrations médicales françaises, rendre visite à quelques-uns des professeurs les plus en vue de la Faculté de médecine ?

Jacques fit une moue significative.

— Hum!... — murmura-t-il ensuite, — je crois que ce serait dangereux...

— Pourquoi donc ? — ces professeurs ne peuvent te connaître puisque tu n'as point pris tes diplômes à Paris...

— Non, mais ai-je l'air assez Américain pour les tromper ?...

— La Faculté ne doit pas être plus difficile à tromper que le public... — Pourquoi le serait-elle ?...

— Tu es polyglotte... tu parles très purement l'anglais... — Rien de plus facile que de te donner un léger accent en parlant le français... — Quant à ta physionomie, il suffira pour la modifier de faire raser tes favoris, tes moustaches, et de porter la barbe en fer à cheval autour du menton... — Tu auras l'air tout aussi Yankee qu'un fabricant de salaisons de Cincinnati... — Il importe d'ailleurs de te préparer une biographie pour répondre aux questions qui pourraient t'être adressées... — Le vrai docteur Thompson, celui dont aujourd'hui tu portes le nom et dont tu possèdes les diplômes, est mort depuis six ans... — Il faut que tu sois à même au besoin d'expliquer l'emploi de ta vie pendant ces six années... — je te conseille de parler d'un grand voyage aux Indes, accompli dans l'intérêt de la science... — cela te procurerait l'occasion de mettre en pratique les enseignements de ce vieux médecin cosmopolite échoué dans les prisons de Nîmes après une longue existence aventureuse...

— Tu as raison... — répliqua Jacques. — Les voyages racontés par lui, je puis les avoir faits moi-même. — J'irai présenter mes hommages aux princes de la science, et leur demander leur bienveillance...

— As-tu décidé si tu te poserais à Paris en médecin spécialiste ?

— Oui.

— Et quelle sera ta spécialité ?

— Je traiterai la maladie à la mode en ce moment, l'anémie, qui résulte de l'appauvrissement du sang brûlé par les fatigues et les excès de toutes sortes d'une existence surmenée... — Or, il se trouve que j'ai beaucoup étudié les médicaments de nature à reconstituer la force vitale dans un corps appauvri.

— Les ferrugineux opèrent avec une regrettable lenteur et ne conviennent pas à tous les tempéraments... — Guidé par les conseils du vieux John Byrr, mort sous nos yeux malgré sa science, j'ai trouvé mieux... Quelque chose dans le genre des fameuses perles arsenicales du docteur Jenkins, qui firent florès pendant les dernières années du second Empire. — Excellentes les perles arsenicales, mais bien dangereuses... Elles revivifiaient trop et trop vite... on brûlait la chandelle par les deux bouts, et au moment où on s'y attendait le moins, crac !... la chandelle s'éteignait, faute de mèche. — Bref, je compte sur un gros succès... — Les anémiques (et ils sont légion !) viendront à moi... — Je les renverrai guéris, et mon renom bien vite établi de bienfaiteur de l'humanité nous servira d'égide et nous permettra d'agir librement... — Quant aux voyages de John Byrr, je vais les repasser dans ma mémoire pour m'en servir à l'occasion...

On était arrivé à la station.

Les deux complices descendirent du train, et tout en causant gagnèrent le *Petit-Castel*.

Il était en ce moment cinq heures du soir.

A cette même heure Raymond Fromental, mandé par lettre à la Préfecture de police, entrait dans le bureau du chef de la Sûreté.

L'homme qui remplissait ces fonctions importantes et délicates à l'époque où se passe notre récit, avait antérieurement fait ses preuves de façon brillante en qualité de commissaire aux délégations judiciaires.

Il jouissait de l'estime universelle.

On le savait honnête, infatigable. — On rendait justice à sa haute intelligence en même temps qu'à son dévouement absolu à la cause de l'ordre et de la justice.

Ce fut de la manière la plus bienveillante qu'il accueillit Raymond Fromental.

Celui-ci se rendait, non sans une certaine inquiétude, aux ordres de son chef.

Il avait obtenu un congé de deux mois, et il se demandait, — (ce congé n'étant point arrivé à son échéance), — pour quel motif on le mandait à la Préfecture.

Naturellement il ne pouvait répondre à cette question. — De là, l'inquiétude très facile à comprendre que nous venons de signaler.

La comtesse de Chatelux n'avait pu voir encore les personnes influentes par qui elle devait faire appuyer la requête qu'il se proposait d'adresser au ministre de la justice.

Donc il ne pouvait être question de lui rendre cette libre possession de lui-même si ardemment convoitée.

En conséquence il avait le cœur serré, et des pressentiments de mauvais augure l'assiégeaient.

Mais des pressentiments ne prouvent rien après tout.

Peut-être s'agissait-il de la chose du monde la plus insignifiante.

— Asseyez-vous, mon cher Raymond, lui dit le chef qui, de la main lui désignait un siège.

Le nouveau venu, après s'être incliné, s'assit.

— Je ne vous ai pas vu depuis quelque temps, — reprit le chef. — Auriez-vous été plus souffrant ?...

— Non, monsieur. — Un mois de repos absolu m'a permis de me remettre des fatigues causées par mes derniers travaux. — Ma santé est excellente, et mes jours de congé me servent doublement...

— Oui, je sais... — Votre fils venait de terminer la première période de ses études et vous aviez besoin d'être près de lui...

— Vous n'ignorez pas, monsieur, combien je redoute que mon fils vienne à connaître quelque chose de mon passé... Je ne le quittais point pendant ses jours de liberté, j'évitais jusqu'à la possibilité d'une indiscrétion... Je ne le nierai pas, c'était là surtout le but véritable du congé sollicité par moi... si j'ai pu, jusqu'à présent, cacher à Paul ce passé maudit, ce passé qui m'écrase, cette faute punie comme un crime, ce lourd boulet dont je traîne incessamment la chaîne, cela tient à ce que cet enfant a vécu presque sans cesse hors de chez moi... Au cours de ses longues années de pension, je le voyais rarement... Il m'était facile de lui répondre quand il m'interrogeait, et d'empêcher tout soupçon de naître en son esprit... Aujourd'hui qu'il est auprès de moi, comment viendrais-je à bout, si je suis obligé de reprendre du service, d'expliquer tant de choses qui lui sembleront obscures, inexplicables ? Je n'entrevois même pas le moyen d'y parvenir, et très grandes sont mes angoisses !

— Vous appartenez à la Préfecture, mon cher Raymond, pour un laps de temps long encore.

— Hélas ! je ne le sais que trop, monsieur, et c'est cela qui m'épouvante pour mon enfant !...

— Allez-vous donc le garder auprès de vous ?

— Sous quel prétexte me séparer de lui jusqu'au moment où il aura passé ses examens pour l'admission à l'École polytechnique ? — J'aurais voulu, afin d'atteindre cette époque, obtenir un sursis, une prolongation de congé.

— Quand expire celui qui vous a été accordé ?

— Dans trois semaines... — M'encouragez-vous, monsieur, à solliciter la prolongation dont j'avais l'honneur de vous parler...

— Je vous y encourage d'autant moins qu'il ne serait pas fait droit à votre requête, j'en ai la conviction, ou plutôt la certitude.

— Permettez-moi de vous demander respectueusement d'où vient cette certitude ?

— Du besoin presque immédiat que j'ai de vous.

Raymond devint pâle.

— Besoin de moi... — répéta-t-il.

— Oui... — répondit le chef. — Savez-vous pourquoi je vous ai fait venir aujourd'hui?

— Assurément non.

— C'est pour obtenir de vous un sacrifice.... celui du reste de votre congé, et pour vous prier de reprendre dès demain votre service.

— Reprendre dès demain mon service!! — murmura Raymond atterré. — Mais, monsieur, comment voulez-vous que je motive aux yeux de mon fils, que depuis qu'il est chez moi je ne quittais guère, la solitude dans laquelle il me faudra le laisser?... Quel prétexte donner à la soudaine irrégularité de ma vie? à mes absences de jour et de nuit?... à mes déplacements imprévus et dont je ne puis fixer la durée?...

— Vous connaissez toutes mes sympathies pour vous, mon cher Raymond... Je comprends mieux que personne vos ennuis, vos inquiétudes, vos souffrances, et j'y sais compatir, mais il s'agit de l'intérêt public, en présence duquel tout autre consideration doit s'effacer... — Je vous regarde comme le plus précieux de mes auxiliaires, le plus intelligent, le plus devoué, le plus honnête surtout ; j'ai le droit de compter absolument sur vous, et j'y compte... — Vous vous souvenez dans quelles conditions l'emploi que vous occupez aujourd'hui vous a été offert... — Une grande faveur vous était faite... Elle vous imposait de grands devoirs... C'est avec connaissance de cause que vous avez accepté la grâce et toutes ses conséquences... — Tenez vos engagements !...

— Eh ! monsieur, — s'écria Raymond dont les yeux se remplissaient de larmes, — ne les ai-je pas tenus, ces engagements? Ces devoirs, ne les ai-je point remplis? M'a-t-on jamais entendu me plaindre de la fatigue ? M'a-t-on vu reculer devant le danger ? — Je prodiguais ma vie afin d'acquitter plus vite ma dette!... Aujourd'hui n'est-elle pas payée ?... — Ne peut-on me rendre libre, sinon pour moi, du moins pour mon fils, à qui je pourrais cacher au moins la faute et l'expiation? — Je ne sais si je m'exagère l'étendue des services rendus par moi, mais je me préparais, m'appuyant sur ces services, à demander que remise pleine et entière me fût faite du temps d'épreuve qu'il me reste encore à subir...

— A cela il m'est interdit de répondre... — Seul, le ministre de la justice peut prendre à votre égard une décision... — Certes, vous méritez l'intérêt et l'estime de vos chefs, et je ne vous marchande ni l'un ni l'autre, mais mon estime et mon intérêt ne changent rien à la situation actuelle et, je vous le répète, j'ai besoin de vous... — En conséquence, je vous demande un acte d'abnégation très méritoire. Renoncez aux derniers jours de votre congé, et reprenez demain votre service...

Raymond, dont toute la physionomie trahissait le plus profond accablement, répondit d'une voix très basse :

— Je ne puis vous refuser, monsieur, vous le savez bien... — Je ferai donc ce que vous attendez de moi... Mais j'éprouve en ce moment l'une des plus profondes douleurs qui puisse briser l'âme d'un homme... Et, croyez-moi, monsieur, je me connais en douleurs !

Pendant quelques secondes le chef garda le silence, respectant ainsi l'accablement de son subordonné, puis il demanda :

— Avez-vous déjà adressé au ministre la requête tendant à obtenir votre libération complète?

— Non, monsieur, — répondit Raymond, — et maintenant j'hésite à le faire, car tout ce que vous venez de me dire me donne grandement lieu de craindre qu'elle ne soit point accueillie.

— Raymond, voulez-vous un bon conseil?

— Je l'accueillerai, monsieur, avec une profonde reconnaissance.

— Eh bien ! préparez votre requête ; je l'appuierai, soyez-en sûr, quoiqu'il doive m'en coûter beaucoup de me séparer de vous ; mais il dépend de vous de rendre le succès de cette requête à peu près certain...

— Oh ! monsieur, que faut-il faire pour cela ?

— Réussir dans la mission que je veux vous confier, et l'Etat, auquel vous aurez rendu un important service, n'aura rien à vous refuser... — Dès demain, soyez à l'œuvre...

— Comptez sur moi, monsieur... puisqu'il le faut...

— Quant à votre fils, dont la présence chez vous est gênante, je le comprends, étant donné le secret que vous désirez lui cacher, il me semble que la difficulté n'est point insoluble... — Eloignez-le momentanément.

— Sous quel prétexte ? — Et d'ailleurs c'est impossible, puisqu'il va se préparer aux examens pour l'admission à l'Ecole polytechnique...

— Non, ce n'est point impossible, je vais vous le prouver... — Vous m'avez dit que votre fils était d'une nature frêle...

— Oui... — Sa santé réclame de grands soins... de grands ménagements.

— Eh bien ! cette santé même vous fournira justement le prétexte dont vous avez besoin... — il est tout trouvé... le voici : — c'est de placer votre fils dans un milieu qui soit favorable au développement de sa force physique, tout en lui permettant de ne point interrompre ses études préparatoires... — Ce milieu, vous le rencontrerez à la campagne, dans quelque endroit voisin de Paris, où vous pourrez vous rendre aussi souvent que vous le voudrez, et où le jeune homme travaillera sans fatigue, sous les grands arbres, en respirant l'air pur...

— Il ne comprendra point que, l'envoyant à la campagne, je reste à Paris au lieu de l'accompagner... — Comment le comprendrait-il, puisqu'il me croit maître de moi-même?...

— Voyons, Raymond, raisonnons un peu... — Votre fils, sachant que vous ne possédez point une grande fortune, doit nécessairement supposer que vous avez une occupation quelconque... — Ne vous a-t-il jamais demandé quelle était cette occupation?

— Si, monsieur.

— Et vous lui avez répondu?...

— Que j'étais chargé par la préfecture de la Seine d'inspecter les bibliothèques des prisons.

— Eh bien! mais, cette réponse ne manquait ni vraisemblance, ni d'adresse... — Dites à votre fils que l'inspection dont il s'agit vous donne en ce moment beaucoup de besogne et, chose singulière, — ajouta le chef avec un sourire, vous serez, en parlant ainsi, tout près de la vérité...

— Comment cela, monsieur?

— La tache importante pour l'accomplissement de laquelle je compte sur vous se rattache, non pas aux bibliothèques des prisons, mais à celles de la ville de Paris et de l'Etat...

— Aux bibliothèques ? — répéta Raymond très étonné.

— Oui... — Je vous expliquerai cela tout à l'heure, mais d'abord sachez bien qu'étant père moi-même je compatis à vos angoisses de père. — En conséquence je vous donnerai toutes les facilités de nature à écarter le moindre soupçon, s'il en pouvait naître dans l'esprit de votre fils... — Je vous ferai remettre — (ce qui vous sera d'ailleurs très utile dans les recherches que vous allez faire) — une commission de sous-inspecteur des bibliothèques de l'Etat, commission que vous pourrez placer un jour, comme par hasard, sous les yeux de votre fils...

— Oh ! monsieur, — s'écria Raymond, — du fond de mon âme je vous remercie ! Que vous êtes bon !...

— Je vous le répète, je suis père, et rien de ce qui touche à la fibre paternelle ne m'est étranger.

Et le chef tendit la main à son subordonné, qui la serra avec effusion et qui dit ensuite :

— Maintenant, monsieur, veuillez m'apprendre ce que vous attendez de moi...

— Je veux vous charger de mener à bien une affaire très sérieuse et qui demande un tact tout enticulier. — Il ne s'agit ni de sang répandu, ni d'un de ces crimes effrayants qui depuis quelques années se multiplient de plus en plus, mais la chose n'en est pas moins grave, à un autre point de vue... — Les malfaiteurs ne s'attaquent point cette fois aux particuliers, mais aux plus précieuses richesses de Paris et de quelques grandes villes de province...

Raymond Fromental paraissait très intrigué et l'était en effet.

— Il s'agit sans doute, — dit-il, — de vols pratiqués dans les églises?...

— Non.

— Où donc?

— Dans les bibliothèques.

— Des livres !... Ce sont des livres qu'on vole ! !

— Oui, et des livres d'une grande valeur dont la perte est irréparable, non à cause de la très grosse somme d'argent qu'ils représentent, mais parce que ce sont des ouvrages rares, quelquefois même uniques...

Le chef prit une note manuscrite sur son bureau, et après l'avoir consultée, poursuivit :

— Depuis trois semaines quinze volumes ont été soustraits à la Bibliothèque nationale, — douze à la bibliothèque Sainte-Geneviève, — huit à la bibliothèque de l'Arsenal.

« A Lyon, à Nantes, à Bordeaux, à Blois, des vols

semblables ont été commis... — Les plaintes arrivent de tous côtés, les parquets de province perdent la tête et n'y voient goutte... — Les ouvrages volés, et qu'il ne sera point possible de remplacer, valent, dit-on, au bas mot, deux cent mille francs. — Bref le ministre, justement irrité, a donné les ordres les plus sévères pour que ce brigandage ait un terme...
— On a gardé jusqu'à ce jour le silence sur ces vols afin d'éviter, ou tout au moins de retarder les clabauderies des savants et des bibliophiles qui vont crier au scandale... — Enhardis par ce silence et par l'apparente inaction de la police, les pilleurs de bibliothèques vont sans le moindre doute continuer leurs agissements. — Vous en profiterez... — Mettez la main sur les voleurs de livres, et je crois pouvoir vous promettre que bon accueil sera fait à votre requête...

— Vous n'avez aucun indice ? — demanda Raymond.

— Aucun.

— Cependant vous avez reçu des rapports ?

— Oui, mais diffus, contradictoires, ou pour mieux dire absolument vides... il n'y a rien à en tirer...

— Mais vous, monsieur, vous avez pensé, sans le moindre doute, à cette grosse affaire ?

— Certes !... et j'avoue que depuis huit jours elle me préoccupe beaucoup...

— Vous devez donc avoir une opinion arrêtée au sujet des vols et des voleurs.

— Malheureusement non, je n'en ai pas... Étant données les mesures de surveillance en vigueur dans les bibliothèques, surtout dans celles de Paris, j'ai beau chercher... — Les moyens employés pour consommer les vols m'échappent de façon complète.

— Supposez-vous que ces pilleurs de livres agissent dans le but de revendre sans retard le plus cher possible à des amateurs indélicats les ouvrages dérobés, ou qu'ils opèrent pour le compte d'étrangers jaloux de nos richesses nationales, et désireux d'enrichir de nos dépouilles les bibliothèques de leur pays ?

— C'est à cette dernière supposition que je m'arrêterais le plus volontiers, mais d'une façon toute instinctive et sans que ma manière de voir repose sur la moindre preuve...

Raymond Fromental hocha la tête d'une façon significative.

— Pas un point de départ, — murmura-t-il, — aucun indice... — Marcher à tâtons dans les ténèbres... dans l'inconnu... la tâche sera malaisée...

— Si elle était facile, tout le monde pourrait s'en acquitter aussi bien que vous... — elle est hérissée de difficultés, au contraire, voilà pourquoi, vous connaissant bien, je vous ai choisi... voilà pourquoi je vous dis : — Réussissez et je me porte garant que votre requête sera bien accueillie... — j'ajouterai que les obstacles à surmonter sont peut-être moins effrayants en réalité qu'en apparence...

— Comment cela, monsieur?

— Je m'explique : — Vous vous mettrez en rapport avec les conservateurs de la Bibliothèque où ont été signalés des vols. — En causant avec eux, en questionnant les employés sous leurs ordres, vous pourrez apprendre certains détails, insignifiants pour eux, très importants pour vous. Vous trouverez là sans doute le point de départ qui manque en ce moment... — Enfin, je compte sur votre adresse, sur votre flair et, tranchons le mot, sur votre étoile ! — Vous comprenez qu'il faut couper court à ces vols, les pires de tous. — Soustraire à la Banque de France des liasses de billets ou des sacs de louis d'or, serait selon moi moins grave que de dépouiller nos collections des merveilles qui font leur orgueil!
— Donc il faut réussir, vous le voyez, ne fût-ce que par patriotisme et pour sauvegarder notre amour-propre national!

— Je comprends cela, monsieur, et tout ce qu'il sera humainement possible de faire, je le ferai; je vous le jure...

— Je le sais, et j'y compte.

— Dois-je commencer par les bibliothèques de

Paris ou par celles des villes de province dépouillées par les voleurs de livres?

— Je laisse cela à votre appréciation... — Peut-être en province obtiendrez-vous des renseignements plus précis ; — les bibliothèques départementales étant peu fréquentées, il y a des chances pour qu'un visiteur étranger ait été l'objet de quelques remarques, et pour qu'on se souvienne de sa physionomie, de ses allures, mais, je vous le répète, agissez à votre guise et suivez votre inspiration... — Passez demain à la caisse de préfecture ; vous y toucherez une somme à valoir sur vos frais de déplacements... — l'affaire terminée vous présenterez vos comptes...

— Bien, monsieur... — dit Raymond, puis il ajouta ; — J'aurais besoin de la nomenclature des ouvrages dérobés dans les différentes bibliothèques... — le relevé en a-t-il été fait?

— Oui, et il est annexé aux procès-verbaux.

— Je vous prierai, monsieur, de me confier ces procès-verbaux... — si peu nourris de faits qu'ils soient, j'en pourrai peut-être tirer quelque chose...

— Les voici. — Tout est là.

Et le chef tendit une liasse de papiers à Raymond qui la serra dans une poche de son vêtement, et reprit :

— Si, par suite de circonstances que je ne puis prévoir, il m'était impossible d'agir seul, me donneriez-vous l'autorisation de désigner moi-même mes auxiliaires ?...

— Je vous donne dès à présent cette autorisation, et je me charge de la faire ratifier par le préfet. — Vous choisirez dans le personnel... — Vous avez carte blanche...

— Alors, monsieur, le cas échéant, je choisirai Pradier, Rével et Bouvard.

— Ils auront l'ordre dès ce soir de se tenir à votre disposition, si vous réclamez leur concours... — Dans le cas où ils voyageraient avec vous, ils toucheraient une indemnité de route... — La somme qui vous sera remise à la caisse vous permettra de subvenir à leurs dépenses, dont il vous sera tenu compte... — Ainsi, c'est bien entendu, n'est-ce pas ? — La journée de demain ne se passera point sans que vous soyez à la besogne ?...

— Je vous demande, monsieur, la journée de demain... Elle m'est absolument nécessaire pour installer mon fils à la campagne...

— Eh bien ! soit, je vous donne vingt-quatre heures, mais pas plus.

— Elles me suffiront, et je vous remercie de me les accorder... — Quant à la commission d'inspecteur-adjoint des bibliothèques que vous avez bien voulu me promettre, quand me sera-t-elle donnée?

— Je vais prendre des mesures pour qu'elle soit

demain portée chez vous... — Allez, mon cher Raymond, et réussisez... — Le succès sera la meilleure apostille de votre requête au ministre.

— Si j'échoue, — murmura Fromental d'une voix sourde, — c'est que Dieu, qui m'a si rudement frappé déjà, ne m'aura pas encore pris en pitié...

Puis, après avoir salué son supérieur, qui voulut lui serrer une dernière fois la main, il se retira.

— Pauvre Raymond — se dit tout bas le chef, tandis que la porte se refermait derrière lui, — il est certain qu'il a cruellement souffert, et que la justice des hommes a été bien injuste envers lui !...

En sortant du cabinet pour quitter la Préfecture, Fromental devait traverser la salle où se tiennent les agents quand ils viennent rédiger et déposer leurs rapports.

Ceux qui se trouvaient-là se levèrent et le saluèrent.

— Oh ! oh ! — fit l'un d'eux quand il eut passé, — il doit y avoir du neuf, et un écheveau point facile à débrouiller... — *Sombre-Accueil* n'est pas venu ici pour des prunes...

— Quant à ce qui est de ça, pour sûr ! — répondit un autre.

Nos lecteurs ont compris que *Sombre-Accueil* était le nom, ou plutôt le sobriquet qu'on donnait à la préfecture à Raymond Fromental et qui caractérisait fort bien son abord réservé et son visage toujours empreint d'une profonde mélancolie.

On n'avait jamais vu cette expression de tristesse s'effacer de ses traits.

Dans ses rapports avec ses collègues, Raymond se montrait rigoureusement poli, mais d'une politesse glaciale.

Il parlait le moins possible, ne disant aucune parole qui ne fût indispensable, ne se déridant point aux plaisanteries, semblant même ne pas les entendre, et faisant comprendre de la façon la plus claire qu'aucune relation de camaraderie ne pouvait s'établir entre lui et les autres agents, non qu'il parût les dédaigner, mais parce qu'en dehors du service il ne voulait frayer avec qui que ce fût.

Il se sentait supérieur à tous, cela est certain, mais cette supériorité n'était point le motif de sa réserve.

S'il s'enfermait, s'il se barricadait en quelque sorte dans son isolement, c'est que les blessures de son âme, de son cœur, ne pouvaient saigner librement que dans la solitude.

Les souvenirs douloureux qu'il évoquait sans cesse, et la pensée incessante de son fils, tout était pour là lui. — Cela suffisait à remplir sa vie...

Chose singulière, cette sauvagerie, cette insociabilité, qui devaient sembler incompréhensibles à qui n'en connaissait point les causes, n'avaient point pour résultat de susciter des haines autour de Raymond Fromental.

Peut-être ne l'aimait-on pas beaucoup, mais on lui rendait pleine justice.

Ses égaux l'estimaient.

Ses inférieurs souhaitaient être placés sous ses ordres.

C'est que Raymond, malgré l'accueil sombre auquel il devait son sobriquet, était un brave cœur, et que des gens physionomistes par état le voyaient bien.

Sa parole était brève, mais il savait commander sans froisser ceux qui recevaient ses ordres.

Enfin, sa bourse, quoi qu'elle ne fût pas fort arrondie, s'était ouverte bien des fois pour venir en aide à de pauvres diables de subalternes chargés de famille.

XXXV

Dans le service, Raymond n'admettait aucune excuse pour la désobéissance ou la négligence.

Il savait punir en infligeant un blâme sévère à qui le méritait, mais il savait aussi récompenser en attirant les faveurs de l'administration sur ceux qui le secondaient selon son désir, avec zèle et intelligence.

La façon dont le chef de la Sûreté venait de le recevoir a dû prouver du reste à nos lecteurs en quelle estime il était tenu à la Préfecture.

En s'éloignant, la tête basse, le long des quais, Raymond avait le cœur bien gros.

Il venait d'être mis dans la nécessité absolue de faire le sacrifice des trois semaines de congé qu'il comptait passer encore auprès de son fils, maître de lui-même et pouvant oublier par moments une situation qu'il exécrait.

Brusquement, du jour au lendemain, d'une heure à l'autre pour ainsi dire, il lui fallait reprendre son service, et soulever de nouveau ce fardeau trop lourd, ce rocher de Sisyphe dont le poids l'écrasait.

Et maintenant qu'il allait recommencer les allées et les venues d'une existence bizarre, anormale, ne ressemblant en rien aux existences uniformes des bons bourgeois dont il paraissait être, son fils ne s'étonnerait-il point quelque jour, et de l'étonnement ne passerait-il pas au soupçon ?

Une fois les soupçons en éveil, que deviendrait le secret du passé, ce secret qu'il eût voulu enfermer dans une tombe, dût-il clore cette tombe avec son cadavre, s'il le fallait, pour la rendre inviolable à jamais.

N'était-ce pas effroyable pour cet homme injustement condamné, injustement flétri, portant au front une ineffaçable tache, et n'ayant à se reprocher qu'un acte de violence commis pour sauver son honneur ?

— Oui, — se disait-il tout en marchant, — il faut que j'éloigne Paul... c'est indispensable... le prétexte que m'a fourni le chef est excellent... Paul travaillera à la campagne où j'irai le voir le plus souvent possible... Il ne doit pas rester seul, ne fût-ce qu'un jour, dans notre appartement de la rue Saint-Louis-en-l'Ile, où tout pourrait se découvrir si une indiscrétion était commise...

« J'aurai recours, du reste, à des précautions sans bornes pour rendre impossible cette indiscrétion...

» Les agents recevront l'ordre de ne plus se présenter à mon logis et de n'y adresser aucune communication, sous quelque prétexte que ce soit...

» On ne devra se mettre en rapport avec moi qu'au logement du boulevard Saint-Martin, loué par la Préfecture.

» Je préviendrai le chef en lui demandant pour cela une autorisation qu'il ne me refusera point...

» De cette façon Paul pourra ne rien apprendre, ne rien soupçonner, jusqu'au moment où je serai libre !... — Libre !! Oh ! ce jour-là, s'il arrive jamais, me payera de bien des souffrances, me fera oublier bien des tortures... »

Raymond, tout en monologuant, était arrivé rue Saint-Louis-en-l'Ile, à la porte de sa maison.

Cette maison était un très vaste et très ancien hôtel ayant appartenu à la famille de Tonnay-Charente.

Fromental en occupait le premier étage et vivait là seul avec son fils et une vieille domestique à son service depuis plus de trente ans et connaissant tous ses malheurs.

Active encore et infatigable malgré son grand âge, elle aimait le père et l'enfant comme si elle avait été de l'un la mère et de l'autre l'aïeule.

Elle leur prodiguait des soins qui prouvaient toute

la tendresse de son cœur resté jeune en dépit des années.

L'appartement, très haut d'étage, avait des plafonds peints enfumés, des boiseries blanches jaunies par le temps avec des filets d'or rougis presque effacés.

Il se composait de deux parties bien distinctes séparées par un palier.

Raymond occupait la première.

La seconde constituait le logement de Paul, depuis que le jeune homme était sorti de pension.

Tout était simple chez le père et chez le fils mais aussi d'une admirable propreté, grâce à Madeleine, — (ainsi se nommait la vieille servante), — qui pouvait damer le pion à une ménagère flamande.

La pensée qu'en époussetant elle avait oublié sur un meuble un grain de poussière l'aurait certainement empêchée de dormir pendant toute une nuit.

Raymond, arrivé sur le palier du premier étage, mit la main dans sa poche pour prendre la clef de l'appartement et ne la trouva pas.

Troublé par la lettre qui l'appelait à la Préfecture, il avait oublié de la prendre en sortant.

Il sonna.

Ce fut Madeleine qui vint lui ouvrir.

A la vue du maître le visage de la vieille servante s'illumina.

— Paul est-il au logis ! — demanda Fromental.

— Oui, monsieur Raymond, dans sa chambre...

— Seul ?

— Bien sûr qu'il est seul, le cher mignon... Monsieur Fabien de Chatelux n'est point venu le voir aujourd'hui... — il travaille, et m'a bien recommandé de ne pas le déranger jusqu'à l'heure du dîner...

— Il faut suivre sa recommandation, Madeleine... — Moi je vais aller serrer ces papiers dans mon cabinet.

Et il tira de sa poche la liasse de documents relatifs aux vols commis dans les bibliothèques.

Madeleine, en ce moment, fut frappée du visage défait et de la voix altérée de Raymond.

— Mon Dieu ! mon cher maître, — lui demanda-t-elle très bas, — est-ce qu'il y a quelque chose qui ne va pas comme il faut ?

— Hélas ! ma pauvre Madeleine, je vais être obligé de reprendre le collier de misère !...

— Comment ça se peut-il ? — s'écria la brave femme avec effroi. — Vous aviez encore trois semaines de congé ! !

— J'ai été forcé d'y renoncer.

— Mais, seigneur mon Dieu, comment allez-vous faire avec l'enfant ici ? — Naturellement il s'étonnera de vos sorties et de vos rentrées... — Le moyen de lui expliquer tout ça ?

— Il n'y en a pas, aussi je prends le seul parti raisonnable.

— Lequel ?

— Celui de l'éloigner.

— L'éloigner ! — répéta la servante devenue pâle en entendant prononcer ce mot.

— Oui, momentanément... — J'ai conçu un projet, ma bonne Madeleine, et je compte que tu m'aideras à le faire accepter à Paul.

Les yeux de la vieille femme se remplirent de larmes.

— Vous allez me l'enlever, ce cher mignon ! — balbutia-t-elle. — A peine s'il est revenu, et il va repartir !

— Voyons... voyons, Madeleine, calme-toi... Pourquoi ces larmes ? — Tu comprends bien que Paul ne peut rester dans cette maison, près de moi, si nous voulons continuer à lui cacher deux secrets funestes, celui du passé et celui du présent.

Madeleine sanglotait.

— Ah ! mon pauvre cher maître, — fit-elle d'une voix à peine distincte, — quand donc le bon Dieu nous prendra-t-il en pitié ?

— Bientôt.

— Vrai ?...

— Oui, j'en ai le ferme espoir... presque la certitude... — Ainsi donc cesse de sangloter et essuie tes larmes...

— Je pleure malgré moi ! — Songez-y donc, mon cher maître, abandonner le pauvre enfant, frêle et délicat comme il l'est...

— Mais qui te parle de l'abandonner ? — Il n'est en aucune façon question de cela... — je le verrai souvent, et toi tu ne le quitteras pas !...

— Je ne le quitterai pas... — répéta Madeleine de l'air de quelqu'un qui entend, mais sans comprendre.

— Sans doute, puisque tu iras à la campagne avec lui.

— Mais vous ?

— Moi je resterai ici.

— Tout seul ?

— Certainement.

— Ah ! ça, par exemple, c'est impossible ! — dit la vieille femme avec énergie.

— Comment, c'est impossible ?...

— Oui, mon cher maître... — qui est-ce qui vous préparerait votre déjeuner, votre dîner ? — Il faut bien que vous mangiez, n'est-ce pas ?

— Je mangerai au restaurant...

— Au restaurant ! — des nourritures malsaines !! des viandes trop cuites ou pas assez ! du poisson pas frais !... — Ça suffirait pour vous détruire la santé !...

— J'ai l'estomac solide.

— Il se détraquerait vite ! — Et qui est-ce qui

brosserait vos habits, cirerait vos chaussures, ferait votre lit ?

— Moi, parbleu !... et sois sûre que je m'en tirerai très bien.

— Ça serait du joli ! — Non ! non !... Je suis votre servante, c'est pour vous servir, mon cher maître !...

— Voyons, ma bonne Madeleine, — fit Raymond en prenant les mains de la digne créature, — ne disons pas de folies et laisse-moi tranquillement agir...
— Paul est frêle et délicat... il a besoin de repos, tout en travaillant. — Le grand air de la campagne l'exercice matinal, les longues promenades succédant aux heures d'études, lui feront un bien infini...
— Je compte sur quelques semaines de séjour aux champs pour lui donner la force qui lui manque...
— Tu veux me voir bientôt maître de ma vie, n'ayant plus rien à craindre du passé, n'est-ce pas ? — Eh bien ! pour que ce bonheur m'arrive, il faut non me contredire, mais abonder dans mon sens lorsqu'au dîner je parlerai de cela à Paul, pour lui prouver la nécessité de son départ... Feras-tu ce que je te demande ?

— Eh ! mon cher maître, vous savez bien que je fais toujours vos quatre volontés !! Est-ce que je pourrais vous désobéir ?

Après un silence, Madeleine ajouta :

— Et où nous enverrez-vous comme ça ? — Je

vous préviens que si c'est plus loin que Saint-Denis, je refuserai net de partir.

Malgré les préoccupations de toute nature qui l'assombrissaient, Raymond ne put s'empêcher de sourire de cette naïveté.

— Rassure-toi... — dit-il, — le lieu de votre exil ne sera pas éloigné, et Paul le choisira lui-même...

— A la bonne heure...

— Maintenant que nous sommes d'accord, je vais serrer ces papiers.

— Ne soyez pas longtemps, le dîner sera bientôt prêt.

— Quand tu l'auras servi sur la table, tu viendras frapper à ma porte...

Raymond quitta l'antichambre où avait eu lieu l'entretien que nous venons de reproduire.

Madeleine regagna sa cuisine en se répétant :

— Ah ! mon pauvre cher maître, quand son martyre sera-t-il fini?... On peut dire qu'il aura souffert, cet homme, et sans le mériter !

La chambre dont Fromental venait de franchir le seuil, et qui lui servait aussi de cabinet de travail, était comme tout le reste de l'appartement d'une très grande simplicité.

Un lit en bois noir, entouré de lampas rouge singulièrement fané, une armoire, quelques fauteuils, un vieux bahut de style gothique, un ou deux petits meubles de fantaisie et un large bureau, en composaient le mobilier.

Sur le bureau étaient rangés symétriquement un encrier, des plumes, un sous-main, quelques livres, des cahiers de papier blanc et des enveloppes, mais pas une seule feuille portant une seule ligne d'écriture.

Par habitude, Raymond ne laissait jamais traîner chez lui quoi que ce fût d'écrit.

Cette habitude avait été prise, depuis longtemps, en vue de Paul.

Il pouvait suffire, en effet, de quelques mots tombant sous les yeux du jeune homme pour lui faire sinon deviner, du moins soupçonner quelle était la profession de son père.

Paul, du reste, entrait rarement dans la chambre de Raymond.

Dès sa première enfance il s'était habitué à la docilité la plus absolue, et il n'ignorait point que son père, lorsqu'il travaillait, n'aimait pas être dérangé dans son travail ; aussi, quand il franchissait le seuil de la chambre, c'était avec l'autorisation paternelle.

Le vieux bahut de style gothique dont nous avons parlé occupait un des angles.

C'est dans ce meuble solidement fermé par une clef qu'il portait toujours sur lui, que Raymond serrait ses notes, ses feuilles de rapport, les dossiers qui lui étaient confiés, et enfin ses papiers de famille.

Il ouvrit le bahut, y plaça la liasse rapportée de la Préfecture et le referma, puis, grâce à de solides roulettes placées sous ses pieds, il le fit glisser le long de la muraille, démasquant ainsi une porte très étroite dont on ne pouvait soupçonner l'existence lorsqu'il occupait sa place habituelle.

Grâce à cette porte mystérieuse, qui tournait sans bruit sur ses gonds bien huilés, Rémond pénétra dans une pièce où se trouvaient réunis un grand nombre de costumes complets de nature variée, y compris les perruques, les coiffures et les chaussures.

La blouse de l'ouvrier, la soutane du prêtre, la redingote du bon bourgeois s'y trouvaient à côté de l'uniforme du soldat et du bourgeron canaille du rôdeur de barrières.

On aurait pu se croire dans la loge d'un acteur du boulevard, jouant les rôles à travestissements.

C'était là que Raymond allait se *camoufler* (comme on dit dans le monde des agents et des voleurs) quand les nécessités de sa profession l'exigeaient.

De cette chambre il pouvait gagner la cour du vieil hôtel par un escalier dérobé, et sortir sans être obligé de traverser son appartement.

Tout cela était combiné d'une façon très sage et très

prudente, nos lecteurs en ont la preuve, et il semblait impossible qu'un soupçon vînt à naître dans l'esprit de Paul au sujet des occupations de son père, ce qui n'empêchait point celui-ci de trembler sans cesse à la pensée d'un hasard venant à le trahir.

— Ainsi, — murmura-t-il avec un découragement profond, — je vais être obligé de m'affubler encore de ces guenilles qui produisent sur moi l'effet de la robe de Nessus !... — Moi qui espérais ne plus m'en servir jamais ! — les déchirer, les fouler aux pieds, les brûler !... — Ah ! vous êtes sans pitié, seigneur mon Dieu ! vous continuez à me frapper bien durement ?...

Il détacha de l'une des patères un costume qu'il mit de côté en y joignant un chapeau et une perruque.

C'est ce costume qu'il se proposait d'endosser pour commencer ses recherches, et il comptait charger Madeleine de le visiter le lendemain matin avant le départ.

Ceci fait, il se retira, ferma la porte, et devant cette porte roula de nouveau le bahut qui la cachait.

XXXVI

A la minute précise où Raymond rentrait dans sa chambre, Madeleine frappait à la porte de cette chambre pour annoncer que le dîner était servi.

Après avoir jeté un coup d'œil autour de lui, afin de s'assurer que tout était bien en ordre, Fromental se rendit à la salle à manger, vaste pièce ou trente convives auraient pu manger à l'aise, et qui semblait nue n'étant meublée que d'un buffet-étagère, d'une table ronde et de quelques chaises.

— As-tu prévenu Paul? — demanda le maître du logis à Madeleine.

— Oui, monsieur... — il vient... — répondit la vieille servante.

Paul entrait en effet.

Il alla vivement à son père et l'embrassa en lui jetant les bras autour du cou, comme il le faisait quand il n'était encore qu'un enfant.

Raymond lui rendit son étreinte avec une tendresse passionnée, puis lui dit en le regardant :

— Tu sembles fatigué, cher Paul... — tu as travaillé beaucoup aujourd'hui ?...

— Oui, père, beaucoup... — C'est avec bonheur que je travaille... J'ai l'ambition du succès... — Je veux passer un examen brillant, être reçu dans les premiers numéros et te faire beaucoup d'honneur... — Il faut que tu sois fier de moi...

— J'en suis fier déjà, cher enfant, car tu es le meilleur des fils... Mais tu t'épuises, et cela me désole... — Travailler, certes, c'est bien ; travailler trop serait un mal... — Après le travail, le repos, les distractions sont indispensables, sans quoi on arrive au surmenage qui diminue les plus belles intelligences et compromet les meilleures santés... — Tu es très pâle aujourd'hui... tu as les yeux cernés... Es-tu souffrant ?

— Non, père, pas du tout...

Madeleine, qui apportait le potage, entendit la demande et la réponse et s'écria :

— Avec ça qu'il vous le dirait s'il était souffrant, le méchant garçon !... Est-ce qu'il saurait seulement se plaindre ?... — Il aime bien mieux nous laisser inquiets et nous empêcher de le soulager.

— Me soulager... — répéta Paul en riant. — Ce serait difficile, puisque le soulagement suppose une souffrance et que je n'en éprouve aucune... — Je ne sais pas pourquoi ma bonne Madeleine se figure toujours que je suis malade... Je t'assure qu'il n'en est rien... Je me porte à merveille...

— Je ne demande qu'à le croire, mais cela prouve indiscutablement que tu travailles trop, puisque, te portant bien, tu pâlis et tu maigris chaque jour...

— Ne laissez pas refroidir la soupe, — dit Madeleine, — le potage froid, rien n'est plus mauvais...

Le père et le fils se mirent à table. — La vieille domestique les servit, et pendant les premières minutes du repas la conversation fut interrompue, mais lorsque Paul eut vidé l'assiette de soupe posée devant lui, il reprit la parole et répondit aux dernières paroles de Raymond :

— Le profond attachement que tu me portes, mon bon père, et la grande tendresse de Madeleine vous poussent à l'exagération en ce qui concerne ma santé... — Vous prenez tous deux pour des symptômes alarmants les choses du monde les plus naturelles... — je maigris un peu, dites-vous, et je suis pâle... — c'est bien possible, mais c'est tout simple... Songez que j'ai dix-neuf ans... je suis en pleine croissance, et cette période de transition amène toujours avec elle un peu de fatigue... N'attribuez donc point à un excès de travail un état physique voulu par la nature, et qui n'offre quoi que ce soit d'alarmant...

— Tu constates toi-même, — fit observer Raymond, — qu'une importante modification se produit dans ton état physique...

— Sans doute... — Je viens de te le dire : — la croissance...

— Soit, je l'admets, mais j'admets aussi que l'excès de travail, quoique tu n'en veuilles pas convenir, y est pour beaucoup...

— Eh bien, qu'importe ? — je me reposerai plus tard, mon examen passé, quand je serai reçu...

— Il serait trop tard... — C'est maintenant qu'il faut du repos...

— Et comment ? — s'écria Paul, — Je ne peux pourtant pas interrompre mes études... j'en éprouverais un tel chagrin que j'en tomberais certainement malade !...

— Il ne s'agit point d'interrompre les travaux, mais de les équilibrer par un repos utile, indispensable même... — On peut, en certaines conditions, sans diminuer le travail, supprimer presque la fatigue... — Ainsi ne crois-tu point, par exemple, qu'en ce moment et tout en continuant à préparer ton examen, la campagne vaudrait mille fois mieux pour toi que la chambre sans air et sans horizon où tu passes des journées entières penché sur tes livres ?

— Oh! quant à cela, je le crois, oui!... — Je me retremperais dans la nature que j'adore, et, le travail achevé, tout serait distraction pour moi en ce milieu nouveau...

Raymond jeta un coup d'œil à Madeleine qui répondit par un signe d'intelligence, et se hâta de s'écrier :

— Eh bien! mais il me semble que c'est facile, cela! — Pourquoi n'iriez-vous point passer un ou deux mois à la campagne?...

— C'est facile, en effet, — appuya Raymond, — et ce serait fort opportun... Je crois donc qu'il n'y a pas lieu d'hésiter. — La campagne sera favorable à Paul, donc, au plus vite, la campagne!...

— Tu consentirais à te déplacer, père? — fit le jeune homme avec joie.

— Il ne s'agit point de moi... — répliqua Fromental, — je viens d'être investi d'une mission qui va me mettre pendant quelque temps dans l'absolue nécessité de voyager...

— Voyager! — répéta Paul inquiet. — Quelle mission?

— Le ministre m'a nommé inspecteur-adjoint des bibliothèques départementales, ce qui m'obligera, tu dois le comprendre, à de continuels déplacements...

Le jeune homme baissa la tête et son front s'assombrit.

— Ce que je viens de t'apprendre te contrarie ? — demanda Raymond.

— Beaucoup, je l'avoue... — L'idée d'aller passer quelque temps à la campagne me rendait joyeux, mais à la condition que je ne serais point séparé de toi.

— Tu en serais séparé dans tous les cas, même en restant ici, puisque je vais être obligé à des absences fréquentes... — Chaque fois que je viendrai à Paris, j'irai te voir...

— Oui, mais quand tu ne seras pas là je me trouverai seul, et en dehors des heures de travail la solitude est lourde...

— Tu ne seras pas plus seul qu'à Paris, puisque Madeleine t'accompagnera...

— Et vous me ferez enrager pour vous distraire... — dit la vieille servante en riant, — sans compter que la cuisine sera fameuse avec du lait point baptisé, des légumes frais et des œufs du jour...

— Père, — demanda Paul, — la mission que l'on t'assigne sera-t-elle de longue durée ?

— A cela, je ne puis positivement répondre... — Je m'acquitterai consciencieusement de ma tâche ; mais, en déployant une activité prodigieuse, j'espère bien l'abréger beaucoup... — Chaque fois, d'ailleurs, qu'il n'y aura point d'empêchement absolu, je viendrai passer une journée dans la maisonnette que

9.

je vais louer pour toi quelque part aux environs de Paris, et où tu partageras tes heures entre le travail et la promenade... — Eh bien ! que penses-tu de mon projet ?

— Je pense qu'il est séduisant à certains points de vue, car la vie des champs me plaira beaucoup... Mais il me semblera triste de quitter cette vieille maison dont j'ai l'habitude, et surtout de me séparer de Fabien, mon ami, qui sera peiné de mon absence comme je le serai, moi, de la tienne et de la sienne...

— Cher enfant, — interrompit Raymond, — la distance entre Paris et ton pied-à-terre étant courte, rien n'empêchera Fabien de t'aller voir quelquefois. — Je te conseillerai, en outre, de faire le voyage de Paris le plus souvent possible, et de te présenter chez notre chère protectrice, la comtesse de Chatelux.

Madeleine intervint.

— Ça ne sera pas loin de Paris, — dit-elle en revenant à l'idée précédemment exprimée par elle, — puisque si c'était plus loin que Saint-Denis, je n'irais point.

— Ce ne sera peut-être pas du côté de Saint-Denis, — répliqua Raymond en riant. — Mais je te promets, ma bonne Madeleine, que la durée du trajet ne dépassera pas une heure.

— Alors, ça me va... — fit la vieille servante, — et ça m'ira encore bien mieux si c'est à côté d'une rivière, afin que je puisse faire moi-même mes petits blanchissages.

— Il y aura de l'eau.

— Et je veux un jardin pour faire sécher mon linge.

— Tu auras un jardin.

— Et que le boucher de l'endroit vende de la bonne viande...

— Ce sera à toi de la choisir... Te faut-il encore autre chose ?...

— Ma foi, non... il ne faut pas être trop exigeante...

— C'est heureux !

— Et où comptes-tu prendre ce pied-à-terre, mon bon père ? — demanda Paul.

— A cet égard rien n'est encore décidé... — Je voudrais consulter tes goûts. — Connais-tu les bords de la Seine ?

— Oui.

— Et ceux de la Marne ?

— Egalement.

— Auxquels donnes-tu la préférence ?

— A ceux de la Marne... Je suis allé les visiter dernièrement encore avec Fabien... C'est une de ses promenades favorites...

— Voilà certes une excellente raison pour diriger

nos vues de ce côté... Port-Créteil te plairait-il ?

— Beaucoup... On est à peine à dix kilomètres de Paris, et on s'en croirait éloigné de plus de cent lieues, excepté le dimanche...

— Eh bien, demain nous partirons de bonne heure, et nous irons chercher quelque chose dans ces parages.

— Je ne demande pas mieux.

— Est-tu satisfait ?

— C'est-à-dire que je suis heureux, plus heureux qu'il ne me serait possible de l'exprimer, de te voir si bon pour moi...

Et le jeune homme se jeta dans les bras de son père, qui l'embrassa avec une émotion partagée.

Le repas fini, Paul regagna sa chambre et Raymond alla s'enfermer dans la sienne pour étudier le dossier concernant les vols commis à la Bibliothèque nationale.

Longtemps après minuit, il travaillait encore.

Deux heures du matin sonnant à l'église Saint-Louis en l'Ile lui firent comprendre qu'il était temps de se reposer.

Il se coucha en songeant à son fils et au moment, — (qu'il espérait prochain) — où il pourrait enfin briser la chaîne et se séparer du boulet lourd qu'il traînait depuis si longtemps.

De bonne heure Paul fut debout, plus joyeux que de coutume.

L'idée de passer quelque temps hors de Paris, à la campagne qu'il adorait nous le savons, lui plaisait infiniment.

Et puis, se trouvant isolé, par conséquent sans surveillance, il pourrait se livrer tout à son aise à sa passion dominante, — la passion du travail.

Lorsque Raymond sortit de son appartement, il trouva son fils prêt à partir.

La vieille Madeleine aussi s'était levée de grand matin pour préparer aux voyageurs un premier déjeuner qu'ils prirent avant de se mettre en route.

Sept heures sonnaient au moment où Raymond donna le signal du départ.

— Rentrerez-vous bien tard, mes chers maîtres — demanda Madeleine.

— Il est probable que nous passerons dehors la journée entière... — répondit Fromental. — Nous déjeunerons n'importe où, mais nous reviendrons certainement pour dîner...

— N'oubliez pas mon jardin... près d'une rivière... avec beaucoup de légumes et beaucoup de fruits...

— Sois tranquille... tu auras tout cela.

— Pendant votre absence, je vais préparer ma malle.

Les deux hommes sortirent.

— Alors nous allons nous diriger du côté de Port-Créteil?... — dit Paul à son père.

— Oui, mon enfant, puisque c'est le côté que tu préfères...

— Prenons-nous le chemin de fer jusqu'à Saint-Maur? — De là nous pourrions gagner le pont de Créteil ou traverser la Marne en bateau...

— Ah çà! mais tu connais merveilleusement le pays! — s'écria Raymond en riant.

— Oui, père ; je te l'ai dit, les bords de la Marne sont une des promenades favorites de Fabien, et quand tu me permettais de disposer de mon jour de sortie, nous y allions ensemble...

— Si tu m'en crois, — reprit Raymond, — nous ferons en bateau-mouche le trajet de Paris à Charenton, et de Charenton nous irons à Port-Créteil en longeant la Marne... — Cette promenade pédestre et matinale nous ouvrira l'appétit... — Que penses-tu de cela?

— Je pense que c'est une bonne idée.

Cette bonne idée fut mise immédiatement à exécution.

Le père et le fils gagnèrent l'embarcadère le plus rapproché, et une heure après ils descendaient du bateau-mouche au pont de Charenton.

Raymond, lui aussi, connaissait bien les environs de Paris.

Il traversa le pont et longea la Marne, en passant devant le *Petit-Castel*, la propriété achetée quelques jours auparavant par Jacques Lagarde, sous le nom du docteur américain Thompson, et qu'habitait Marthe Grandchamp, en compagnie d'Angèle.

Nous laisserons quant à présent les deux hommes chercher une maisonnette à louer au milieu des villas qui s'alignent pittoresquement sur la berge de la rivière et dépendent de la commune de Port-Créteil, et nous retournerons à Paris où se passaient des faits de haute importance pour notre récit.

Après la mort de comte Philippe de Thonnerieux, ou plutôt le lendemain de ses obsèques, le juge de paix du sixième arrondissement avait déposé, selon le vœu de la loi, son procès-verbal d'apposition des scellés, constatant qu'aucun testament n'avait été trouvé, mais ajoutant que, d'après les déclarations du valet de chambre du comte, le testament, dont l'existence semblait probable, devait être enfermé avec les valeurs de diverses sortes dans un meuble qu'il avait été impossible d'ouvrir faute de clef.

Le président du tribunal de première instance, d'accord en cela avec le procureur de la République, donna l'ordre que la levée des scellés eût lieu à bref délai, afin de procéder à une recherche plus minutieuse, et surtout plus complète que n'avait pu l'être celle du juge de paix.

Le jour et l'heure furent fixés.

Or, au moment précis où Raymond Fromental et son fils Paul arrivaient à Port-Créteil, le procureur de la République, en compagnie du juge de paix, de son greffier et du notaire du feu comte de Thonnerieux, convoqué à cet effet, se présentaient à l'hôtel de la rue de Vaugirard, où Jérôme Villard était chargé de la garde des scellés.

Le procureur de la République représentait les intérêts de l'Etat, seul héritier si le comte de Thonnerieux, qu'on savait sans famille, était mort intestat.

XXXVII

Jérôme Villard avait enjoint aux autres domestiques de ne point quitter l'hôtel jusqu'au jour de la levée des scellés.

Tous étaient donc présents lorsque les magistrats arrivèrent.

Le valet de chambre du défunt, ayant été prévenu par le greffier de la justice de paix, attendait les visiteurs.

Le chagrin causé au vieux serviteur par la perte de son bien-aimé maître laissait une empreinte profonde sur son visage pâli.

— C'est vous qui vous nommez Jérôme Villard?... — lui demanda le procureur de la République.

— Oui, monsieur...

— C'est vous qui avez été nommé gardien des scellés apposés ici après la mort de votre maître ?

— C'est moi, oui, monsieur...

— Je viens assister à l'ouverture d'un meuble qui, selon votre déclaration, doit renfermer le testament du comte et des valeurs.

— Je le croyais, je le crois toujours.

— Vous êtes convaincu que M. de Thonnerieux a fait un testament ?...

— Oui, monsieur.

— Sur quoi se fonde cette conviction ?

— Quelques jours avant de mourir, mon regretté maître me parlait encore des enfants nés dans cet arrondissement le même jour que sa fille et auxquels, par son testament, il assurait une fortune... — Je ne suis point le seul d'ailleurs à qui M. le comte ait parlé de cela. — Je sais qu'il a dit les mêmes choses à madame la comtesse de Chatelux...

— Et vous pensez que nous trouverons le testament de M. de Thonnerieux à l'endroit désigné par vous ?

— Cela est plus que probable puisque c'est en cet endroit que mon maître plaçait ses valeurs. — Du reste, si le testament n'était point là, il serait dans un des meubles qui n'ont été visités que superficiellement par M. le juge de paix.

— M. de Thonnerieux avait-il l'habitude de garder chez lui des valeurs considérables ?

— Ordinairement, oui, monsieur.

— En connaissez-vous le chiffre ?

— Le chiffre exact, non.

— Et le chiffre approximatif ?

— De six à huit cent mille francs en actions et en obligations, les unes au porteur, les autres nominatives.

— Avait-il aussi des espèces, or ou billets de banque ?

— Toujours, oui, monsieur.

— Pour de grosses sommes ?

— Deux cent cinquante à trois cent mille francs environ.

— Autant que cela !...

— Souvent il avait plus.

— Le comte vous donnait-il de l'argent d'avance pour faire face aux dépenses de sa maison ?

— Oui, monsieur... — le jour de sa mort j'avais dans les mains, pour cet emploi, trente deux mille francs dont je suis prêt à rendre compte.

— C'est bien. — Inutile de vous demander, n'est-ce pas, si depuis la pose des scellés rien n'a été soustrait ici, ou dérangé ?...

— Ah ! monsieur, je l'affirme et je suis prêt à en faire serment... — Depuis que le corps de mon pauvre maître est sorti de cette demeure, toutes les portes ont été fermées ; elles le sont encore, et personne n'a mis le pied dans aucune des pièces de l'hôtel...

je ne parle, bien entendu, ni des chambres des domestiques, ni de la mienne.

— Ouvrez-nous donc ces portes et conduisez-nous tout d'abord dans la pièce où se trouve le meuble dépositaire, selon vous, du testament et des valeurs.

— Veuillez me suivre, messieurs...

Jérôme Villard, tirant de sa poche un trousseau de clefs, ouvrit les portes et guida les représentants de la loi dans le cabinet de travail dont les fenêtres et les volets intérieurs étaient hermétiquement clos.

Ces volets repliés, la pièce sombre devint lumineuse.

— Où est le meuble en question? — demanda le procureur de la République.

Ce fut le juge de paix qui répondit :

— Le voilà.

En même temps il désignait le *cabinet* italien du seizième siècle, dont tout le monde s'approcha.

— Monsieur le juge de paix, — reprit le magistrat, — procédez, je vous prie, à la levée des scellés...

Le juge de paix fit un signe.

L'un de ses assesseurs s'avança pour enlever le ruban de fil placé à cheval sur les deux parties qu'une ouverture devait disjoindre, et scellé avec de la cire rouge portant l'empreinte du cachet de la justice de paix.

— Conformez-vous aux prescriptions de la loi, —

dit le procureur de la République. — Avant de rompre les scellés, assurez-vous minutieusement que les sceaux sont intacts...

L'assesseur, qui n'était plus un jeune homme, ne répondit que par un geste de respectueuse adhésion, tira de sa poche un étui, mit sur son nez ses lunettes pour y mieux voir, et se pencha vers les cachets de cire rouge afin de se livrer à un examen approfondi.

Soudain il se redressa en poussant une exclamation.

— Qu'y a-t-il donc? — demandèrent à la fois avec anxiété les deux magistrats et le notaire.

— Voyez, messieurs... — répondit l'homme — voyez vous-mêmes...

Et son doigt désignait la bande de ruban de fil.

Le procureur de la République s'approcha, se pencha comme l'assesseur venait de le faire, et ses traits exprimèrent l'étonnement et l'indignation.

— Combien j'avais raison de recommander l'obéissance aux prescriptions de la loi et d'ordonner un minutieux examen! — s'écria-t-il, — Ces scellés ont été violés!...

Le juge de paix et le notaire levèrent les mains vers le plafond pour témoigner de la violente émotion qu'ils ressentaient.

Jérôme frissonna de tout son corps.

— Violés! — répéta-t-il. — Les scellés ont été violés!... C'est impossible! impossible! impossible!

— Cela est cependant, monsieur! — répliqua le magistrat d'un ton sévère. — Il suffira d'un coup d'œil pour vous en assurer...

Le valet de chambre, malgré son âge, ne marcha pas, il bondit vers le meuble, et à son tour il se pencha.

— Oh! mon Dieu! — bégaya-t-il en reculant comme affolé. — Mon Dieu, c'est vrai!... Ce n'est que trop vrai!

Le juge de paix et le notaire constatèrent *de visu*, l'un après l'autre, la violation des scellés.

— Je pense que vous êtes convaincu, monsieur, — dit le procureur de la République au vieux domestique qui tremblait comme la feuille et qui ne put que murmurer d'une voix à peine distincte :

— Oui, monsieur... hélas! oui... je suis convaincu...

— Vous aurez à répondre du fait de ce bris de scellés, puisque vous en étiez constitué gardien.

Sous le coup de fouet de ces paroles qui ressemblaient à une menace, Jérôme se redressa.

— Répondre de ce fait! — répéta-t-il avec une réelle dignité.

Il ajouta :

— Que croyez-vous donc, monsieur?

— Je crois, je vois, je suis certain, que vous avez

mal rempli les fonctions dont vous étiez investi par la loi !... — Il y a là une chose matérielle, une chose visible, tangible, indéniable par conséquent !...

— M'accusez-vous donc, monsieur ? — demanda Jérôme terrifié.

— Je vous accuse tout au moins de la plus coupable négligence... — Pour le reste, je fais mes réserves et je me borne à constater...

Puis le procureur de la République ajouta, en s'adressant à l'assesseur du juge de paix :

— Enlevez le scellé qui porte la trace du viol dont il a été l'objet, et que le procès-verbal fasse mention de ce viol...

La voix du magistrat était âpre.

Sa parole avait la froideur, la rigidité, le tranchant d'une lame d'acier bien aiguisée.

Elle causait à Jérôme une sensation de poignante douleur et d'indicible épouvante.

— Mais, monsieur, — s'écria-t-il en relevant son front un instant courbé, — les apparences sont fausses... Le bris de scellés, qui semble évident j'en conviens, est cependant inadmissible... — Qui donc aurait pu l'accomplir?... — J'ai fermé toutes les portes, je vous le jure, j'en ai gardé les clefs, personne n'a pénétré dans cette pièce, et moi-même je n'en ai point franchi le seuil... — Par qui le crime aurait-il été commis ?

— Ce serait à vous de nous l'apprendre, — répliqua sévèrement le procureur de la République, — mais soyez certain que nous n'aurons pas besoin de votre aide pour le découvrir !

Jérôme prit son front entre ses deux mains et de grosses larmes jaillirent de ses yeux.

Le malheureux vieillard croyait sentir sa raison s'égarer.

— Ouvrez ce meuble... — commanda le magistrat à l'assesseur qui, tirant aussitôt de sa poche un trousseau de petites clefs de toutes les formes, les présenta les unes après les autres à la serrure du *cabinet* italien.

Après en avoir essayé quatorze ou quinze sans succès, il en trouva une qui pénétra dans l'orifice et fit jouer le pêne.

Le meuble s'ouvrit.

Jérôme fit un pas en avant.

Son cœur ne battait plus.

Le procureur de la République visita successivement tout les tiroirs.

— Rien ! — dit-il ensuite. — Ni testament, ni valeurs ! — Il n'y a rien !!

D'une voix étranglée, à peine distincte, Jérôme demanda :

— Vous n'y trouvez pas un coffret d'argent ciselé ?

— Il n'y a rien ! — répéta le magistrat.

— Mais alors on a volé ici ! — s'écria le valet de chambre du feu comte au paroxisme de la terreur. — On a volé !... Comment?

— Vous seul aviez les clefs, — interrompit le procureur de la République, — et vous prétendez avoir fermé toutes les portes !...

— Je le jure !... je le jure devant Dieu !...

— Je n'ai que faire de vos serments ! — je vous demande compte de la manière dont vous avez rempli votre mandat de gardien des scellés... — Un testament, et des valeurs représentant une somme considérable, — d'après votre propre déclaration, — devaient se trouver dans ce meuble. — Ils n'y sont pas, et les scellés ont été violés ! — A qui doit incomber la responsabilité du crime, je vous le demande?

— A qui? — répéta Jérôme avec effarement, puis, dominé par la logique implacable de la situation, il ajouta :

— Mais, alors, vous m'accusez de ce crime?

— Qui pourrais-je accuser, si ce n'est vous ?

— Eh ! monsieur, toute une longue vie d'honnêteté et la confiance absolue que mon bien-aimé maître me témoignait plaident pour moi !... — Je ne suis coupable de rien, pas même de négligence !...

— J'admets que vous ayez pu vous tromper sur l'endroit où le comte de Thonnerieux avait déposé son testament et le coffret dont vous venez de nous révéler l'existence, et nos recherches nous les feront peut-être trouver ailleurs; seulement, pour rendre votre innocence admissible, il vous faudrait expliquer le bris de scellés... — Qui a fait cela ?...

— Mais je ne sais pas, moi, monsieur... — balbutia Jérôme avec égarement. — Que voulez-vous que je vous dise ?... je ne sais rien... je ne comprends pas...

La voix du vieux domestique était déchirante ; — elle faisait mal à entendre; mais pour des gens prévenus cette émotion terrible ne prouvait rien, sinon l'épouvante. Les magistrats sont habitués à toutes les comédies, même les plus adroites, jouées par des coupables.

— Continuons... — dit le procureur de la République en désignant le bureau sur lequel se trouvaient encore les lettres de faire-part dont l'une avait appris à Pascal Saunier la mort du comte de Thonnerieux.

L'assesseur s'approcha du meuble.

Le bureau avait trois tiroirs; un au milieu, les deux autres à gauche et à droite ; celui de droite nommé vulgairement *la caisse*, parce qu'il contient des cases destinées à recevoir les billets de banque, l'or et l'argent.

Ces trois tiroirs étaient munis de bandelettes de ruban de fil retenues par des cachets de cire.

La bandelette du tiroir du milieu fut reconnue intacte. — Une des clefs étiquetées remises par le greffier de la justice de paix fit jouer la serrure. — On se trouva en présence de papiers nombreux, qu'on feuilleta les uns après les autres, que l'on inventoria et que l'on mit en liasses.

Ces papiers n'offraient d'ailleurs absolument rien d'intéressant.

Le tiroir de gauche, dont les scellés furent levés aussitôt après, renfermaient aussi des papiers, mais aucune trace de testament ou de valeurs.

Au moment de passer au tiroir de droite, l'assesseur s'arrêta, parut hésiter, puis après examen s'écria :

— Monsieur le procureur de la République, voilà un scellé qui sans le moindre doute a été violé comme celui du meuble italien... — Les traces sont visibles. — La lame de couteau passée entre la cire et le bois a produit une éraillure, et après l'opération le cachet a été mal recollé...

Le magistrat, s'étant assuré de l'exactitude de cette assertion, jeta un regard sur Jérôme.

Celui-ci, en face de cette complication nouvelle, perdait de plus en plus la tête.

— Mon Dieu ! — seigneur mon Dieu, — bégaya-t-il, — qui donc a commis un tel crime ? qui donc s'est introduit ici ?

— Êtes-vous bien certain de ne le point savoir? — répliqua le procureur de la République d'un ton d'écrasant dédain. — Si vous êtes innocent, prouvez-le ! — Dites-nous quel autre que vous a brisé les scellés ?

— Et si je ne peux pas le dire, parce que je l'ignore, — balbutia Jérôme, — c'est moi qui serai soupçonné !... Mais c'est épouvantable, cela ! ! — Ainsi vous m'accusez d'avoir volé mon pauvre maître après sa mort, moi dont toute l'existence n'a été qu'affection et dévouement ! ! — Fouillez ma vie, monsieur... Vous n'y trouverez aucune mauvaise action, et j'aurais attendu pour me déshonorer l'heure où mes cheveux sont blancs, où je suis prêt à suivre dans la mort mon maître bien-aimé ! ! — Est-ce que c'est possible, cela ? — Est-ce que c'est à mon âge qu'on devient un voleur ?... — M'emparer d'une fortune par un crime abominable, et pourquoi faire, mon Dieu ?... à quoi pourrait me servir l'argent du crime ?... — Oh ! mon cher et vénéré maître, entendez-vous ?... Votre vieux serviteur, votre Jérôme, accusé de vol ! ! ! — Que ne pouvez-vous quitter pour un instant la tombe où vous dormez... que ne pouvez-vous sortir de votre linceul... vous diriez à ceux qui m'accusent : — Votre accusation s'égare ! Jérôme Villard est un honnête homme !...

Et le pauvre vieillard se laissa tomber sur ses deux genoux en sanglotant.

— Relevez-vous et répondez-moi, — ordonna d'un ton dur le procureur de la République.

Le valet de chambre obéit et se tint debout en face du magistrat, la tête inclinée sur sa poitrine, les yeux baissés, les bras tombant le long de son corps et les mains tremblantes...

XXXVIII

Après avoir pendant quelques secondes regardé d'un œil sec cet affaissement physique et moral, le magistrat reprit :

— Vous affirmez de nouveau que vous avez fermé toutes les portes des appartements de l'hôtel après la mort du comte votre maître?

— Oui, monsieur, je l'affirme... — murmura Jérôme, mais sa voix était si faible que cette réponse fut plutôt devinée qu'entendue.

— Vous affirmez n'être point entré ici?

— Je l'affirme.

— Vous soutenez toujours que M. de Thonnerieux détenait par devers lui des valeurs considérables ?...

Le vieux valet de chambre releva la tête, et sa voix devint plus ferme pour répondre :

— Quant à cela, monsieur, je ne l'affirme pas.

— Comment ! — Mais c'est vous même qui nous l'avez dit tout à l'heure !...

— J'ai constaté une habitude de mon maître, voilà tout... — M. le comte, malgré la grande confiance qu'il daignait m'accorder, ne me mettait point au courant de ses affaires d'intérêt... — Je lui ai vu bien souvent déposer de l'argent et des valeurs représentant des sommes considérables dans le meuble que j'ai désigné, mais j'ignore si au moment de sa mort ces valeurs et cet argent n'avaient point été placés par lui dans quelque autre endroit inconnu de moi.

Le procureur de la République continua :

— Vous avez affirmé l'existence d'un testament fait par M. de Thonnerieux.

— J'ai dit, monsieur, qu'il était impossible que mon maître n'ait point fait de testament ; je le dis encore... — Ce testament doit exister..., je suis convaincu qu'il existe, et je ne l'ai pas soustrait, j'en fais le serment devant Dieu... je ne l'ai pas volé !....

A mesure que se succédaient les questions, le désespoir et le découragement de Jérôme grandissaient.

Il voyait, il comprenait, combien était grande et terrible la responsabilité pesant sur lui à raison du bris des scellés dont il avait la garde.

— Continuons, messieurs, — commanda le magistrat.

On reprit l'opération de la levée des scellés, et on dressa l'inventaire du contenu de chaque meuble rigoureusement fouillé.

Quoique les derniers cachets fussent intacts, on ne trouva aucune valeur, aucun testament.

Jérôme, au comble de l'angoisse, ne pouvait comprendre ce qu'étaient devenus l'acte renfermant les dernières volontés de son maître et les capitaux que le comte avait l'habitude de garder chez lui.

— Rien!... Rien!... — murmurait-il dans une sorte d'agonie morale. — Il me semble que je fais un rêve affreux!...

Le procureur de la République s'entretint un instant avec le juge de paix et avec le notaire. — Quoique tenue à voix basse, leur conversation fut très animée.

Cet entretien fini, le magistrat prit à part l'assesseur et lui donna des ordres qui furent à l'instant même exécutés.

Le premier de ces ordres était de réunir tous les serviteurs du feu comte de Thonnerieux dans la pièce où on se trouvait.

Le second était d'aller chercher deux gardiens de la paix et un fiacre.

Jérôme, écroulé sur un siège depuis qu'on ne le

questionnait plus, ne voyait, n'entendait rien de ce qui se passait autour de lui.

Il fut tiré brusquement de cette rêverie douloureuse par l'entrée des domestiques et se leva, mordu au cœur par une angoisse nouvelle.

Pourquoi cette réunion ?

Qu'allait il se passer ?

— Messieurs, — dit le magistrat, — je vous ai fait venir pour vous demander des renseignements.

Les domestiques se regardèrent, étonnés et inquiets, puis l'un d'eux répondit en s'inclinant :

— Nous sommes aux ordres de monsieur le procureur de la République...

Celui-ci reprit :

— Avez-vous connaissance qu'après la mort de M. le comte de Thonnerieux toutes les portes intérieures aient été fermées à clef par le valet de chambre Jérôme Villard ?

La réponse fut unanime et affirmative.

— Jérôme Villard a-t-il gardé les clefs par devers lui ? — poursuivit le magistrat.

Même unanimité dans l'affirmative.

— Savez-vous si après cette fermeture quelqu'un a pu s'introduire dans les appartements ?

— Personne, monsieur.

— Aucun étranger n'a pénétré dans l'hôtel ?

— Aucun... — répliqua le concierge, — les personnes qui se sont présentées pour un motif quelconque n'ont pas dépassé le seuil de ma loge...

— Et cette loge, vous ne l'avez point quittée ?

— Pas une seule fois, monsieur... — Depuis le jour des funérailles de notre regretté maître, je n'ai pas mis les pieds dans la rue.

— Les domestiques ont-ils une clef de sortie ?

Ce fut encore le concierge qui répondit :

— Non, monsieur... — C'est moi qui leur ouvre quand ils ont à sortir... — Ils doivent passer devant ma loge... — Il n'y a qu'une exception...

— Laquelle ?

— Jérôme Villard possède un passe-partout qui lui permet d'entrer et sortir à toute heure de jour ou de nuit, sans demander le cordon...

— Ah ! Jérôme Villard est en possession d'un passe-partout ?

— Oui, monsieur... — Notre maître le voulait ainsi.

Les réponses que nous venons de reproduire étaient faites avec une franchise évidente, mais chacune de ces réponses, dont la bonne foi ne se pouvait suspecter, constituait une charge nouvelle pour le malheureux valet de chambre.

Lui seul avait fermé les portes, lui seul gardait toutes les clefs y compris celle de la pièce où le bris des scellés s'était accompli, — Lui seul enfin était détenteur d'un passe-partout lui permettant de quitter l'hôtel à l'insu du concierge, fût-ce au milieu de la nuit, par conséquent de faire disparaître avec la plus grande facilité les objets, quels qu'ils fussent, dérobés par lui, et de les soustraire ainsi aux recherches qui pourraient être pratiquées dans sa chambre.

Nul autre que lui, par conséquent, n'avait été à même de violer les scellés dont il était constitué gardien, et de les violer utilement.

Cette conséquence logique de tout ce qui précède s'imposait.

— C'est bien, messieurs, — dit le procureur de la République, — je crois que vos paroles ont été l'expression de la vérité et qu'aucun de vous n'est coupable du crime qui s'est commis ici.

— Un crime!... — répétèrent les serviteurs effrayés, en se regardant les uns les autres comme au moment de leur arrivée.

— Oui, un crime odieux...

— Et c'est moi qu'on accuse de l'avoir commis!! — s'écria Jérôme en délire. — Deux scellés ont été brisés... deux meubles ont été ouverts... Le testament du comte et les valeurs qui devaient se trouver dans l'hôtel ont disparu... ont été volées, et le misérable qui a fait cela, l'infâme, le voleur enfin, mes amis, on dit que c'est moi!

La stupeur et la consternation se peignaient sur les visages bouleversés des domestiques.

Le vieillard continua :

— Voyons, vous me connaissez tous, vous me connaissez bien. — Nous avons vécu ensemble de longues années dans cette maison que vient de mettre en deuil la mort du plus aimé, du plus vénéré, du meilleur des maîtres. — J'en appelle à vous, mes amis... j'invoque votre témoignage... — Y a-t-il un seul de vous qui puisse me croire coupable ? — Y en a-t-il un qui ose dire : — *Jérôme Villard est un voleur ?*

Les domestiques allaient répondre par acclamation qu'ils croyaient fermement à l'innocence de leur vieux camarade.

Le procureur de la République ne leur en laissa pas le temps.

— Retirez-vous, leur dit-il. — Dès demain, sauf le concierge, vous irez faire régler vos gages chez le notaire du feu comte de Thonnerieux et vous quitterez l'hôtel... — Dès ce soir et jusqu'à nouvel ordre, des agents de la sûreté seront ici en permanence.

L'un après l'autre, les serviteurs se retirèrent, la tête basse, en se demandant si véritablement il était possible que l'homme à qui leur maître accordait toute sa confiance, et qu'eux-mêmes estimaient autant qu'ils l'aimaient, fût un pur et simple gredin.

La chose paraissait évidente, et cependant ils n'y pouvaient croire.

Jérôme, éclatant en sanglots, se laissa retomber sur la chaise qu'il avait quittée au moment où ses camarades entraient.

Le procureur de la République, se tournant de son côté, lui dit :

— Au lieu de jouer inutilement la comédie des larmes, vous feriez mieux d'entrer dans la voie des aveux....

En entendant ces mots, le vieux valet de chambre parut soudainement galvanisé.

Un brusque changement se fit dans son attitude ; sa physionomie qui tout à l'heure ne disait que l'effarement sans bornes et le plus complet abandon de soi-même prit une grande expression de dignité.

— Tout est contre moi!... — fit-il d'une voix presque calme. — Vous ne me connaissez pas, monsieur, je comprends que vous me croyiez coupable puisque je semble l'être... — Heureusement le bon Dieu est juste et j'ai ma conscience pour moi...

Un sourire de dédain et d'incrédulité vint aux lèvres du magistrat.

A cette minute précise, deux sergents de ville, amenés par l'assesseur du juge de paix, entrèrent dans la pièce.

— Monsieur le procureur de la République, — dit l'un d'eux en saluant militairement, — nous voici. — Le fiacre est en bas. — Que faut-il faire?...

— Conduire cet homme au dépôt de la Préfecture, — répliqua le magistrat en désignant Jérôme, après avoir écrit quelques lignes sur une feuille arrachée de son carnet. — Voici un mot pour le directeur...

— Oh! mon cher maître — murmura le valet de chambre en s'apprêtant à suivre les agents, — si vous voyez cela de là-haut, que devez-vous penser de la justice humaine!!...

Une heure après Jérôme Villard, accusé du crime commis par Pascal Saunier, était écroué au dépôt de la Préfecture.

*
* *

Raymond Fromental et son fils avaient parcouru les rues du village de Port-Créteil dont les principales aboutissent à la rivière, sur le chemin de halage.

Après une heure de recherches, ils étaient parvenus à trouver leur desideratum.

Ce desideratum, dont nous connaissons la modestie, consistait en une maisonnette du plus petit modèle, au fond d'un assez vaste enclos divisé en deux parties : — jardin potager pour l'utilité, jardin anglais pour l'agrément.

La maisonnette comportait un rez-de-chaussée formé de deux pièces et d'une cuisine. — Au premier étage, deux pièces également et un cabinet de toilette.

L'ensemble répondait à merveille aux aspirations de Madeleine et aux souhaits de Paul.

La vieille servante aurait à profusion des légumes et des fruits pour sa cuisine, et de l'eau pour ses savonnages.

Le jeune homme pourrait travailler soit dans une pièce du premier étage, ayant vue sur la Marne, soit au jardin sous les arbres touffus. — Aussitôt hors de l'enclos, il n'aurait qu'à choisir entre une foule de promenades ravissantes.

L'air pur à profusion, la distraction près du travail, on ne pouvait rêver mieux.

Le mobilier de la villa n'offrait rien de luxueux, mais il était propre et commode. — Nous devons ajouter, — (ce qui ne parut point à Paul un minime avantage), — que la jouissance d'un bateau était attachée à la location. — Or, le jeune homme adorait le canotage.

Le propriétaire habitait une maison du village.

Raymond paya six mois d'avance et se retira avec son fils, ayant en poche la quittance de loyer et les clefs.

Il était entendu que les nouveaux locataires viendraient s'installer dès le lendemain.

— Eh bien, es-tu satisfait? — demanda Fromental à Paul qui répondit :

— Oui, père... on ne saurait l'être davantage.

— Crois-tu que tu pourras travailler ici sans fatigue?

— Certes! — et je suis même convaincu que le travail alternant avec les exercices du corps, le promenade et le canotage me remettront rapidement...

— Te remettre?... — répéta Raymond, très ému, en prenant la main de son fils. — Es-tu donc réellement malade ?

— Malade, non... Mais quelquefois très faible... Des sueurs soudaines me mouillent les tempes, et je chancelle comme si la terre se dérobait sous moi...

Raymond devint pâle et frissonna.

— Oh! ne t'alarme pas! — fit vivement le jeune homme, lisant sur le visage de son père la terreur que ses dernières paroles venaient de faire naître. — Ces malaises passagers, nous en connaissons la cause... — Ainsi que je te le disais hier, nous devons les attribuer uniquement à la croissance, et sois sûr que nous venons d'en trouver le remède.

Fromental serra silencieusement les mains de son fils, et s'efforça de rasséréner son visage, mais son trouble intérieur persistait. — Paul lui expliquait en vain les symptômes inquiétants. — Il ne se sentait rien moins que rassuré.

Le jeune homme, lui, se montrait très gai.

— Déjeunerons-nous ici, père? — demanda-t-il.

— Oui, cher enfant, et le plus tôt possible, car il est déjà tard et tu dois mourir de faim...

— J'avoue que l'air du matin m'a donné de l'appétit. — As-tu un endroit en vue?

— Non, ma foi... — Nous irons où tu voudras...

— Je te propose d'aller au restaurant de l'île... Il fait très beau temps... Nous mangerons à une petite table, dehors, sous les berceaux de verdure... Ce sera charmant... Regarde, père, c'est juste en face.

— Allons au restaurant de l'île, je ne demande pas mieux, mais nous devrons remonter jusqu'au pont de Créteil.

— Nullement... — Le restaurateur a des bateaux et un employé spécial pour venir chercher les promeneurs qui veulent déjeuner ou dîner chez lui... — Tu vas voir...

Et Paul, faisant aussitôt un porte-voix de ses deux mains unies, cria :

— Hé! passeur!...

Deux fois de suite il répéta cet appel.

On vit alors un homme sortir d'une chaumière située sous les saules et descendre à un bateau qu'il détacha et dont il prit les rames, en répondant :

— On y va!

XXXIX

Poussé par deux bras vigoureux le bateau glissa sur la rivière; il aborda bientôt la berge où Raymond attendait avec son fils.

— Embarquez, messieurs... — dit le batelier.

Les deux promeneurs montèrent dans la barque lourde et massive qui vira de bord et retourna vers son point de départ.

Le restaurateur, gros garçon dont la face enluminée et le ventre notablement bedonnant faisaient avec une éloquence sans réplique l'éloge de sa cuisine et de sa cave, attendait les nouveaux venus sur le débarcadère.

— Ces messieurs viennent pour déjeuner?... — leur demanda-t-il.

— Telle est, en effet, notre intention... — répondit Raymond, — et je vous préviens que vous allez avoir à faire à des affamés...

— Tant mieux, messieurs... — Déjeunez-vous en plein air?

— Assurément! — Par ce beau soleil, ce serait un meurtre de s'enfermer.

— Voulez-vous commander?...

— Charge-toi du menu... — dit Raymond à son fils en souriant.

— Qu'est-ce que vous avez?

— Nous avons de tout... — répliqua le restaurateur avec orgueil. — Côtelettes, beefteaks, entrecôtes, fricandeaux, poulets, pigeons, matelotes, fritures, écrevisses... — Quant aux légumes et aux fruits de saison, rien ne nous manque.

— Père, donne-moi ton avis.

— C'est inutile. — Choisis toi-même... Ce que tu feras sera bien fait.

— Eh bien, puisque j'ai plein pouvoir, voici ce que je demande : un poulet froid, une friture, une salade, des écrevisses, un morceau de fromage et un fruit.

— Fraises ou cerises?

— Des fraises.

— Parfait! — Quel vin? Bordeaux ou Bourgogne?

— Ah! par exemple, pour le vin, je me récuse...

— Bourgogne... — dit Raymond... — une bouteille de vieux vin de Beaune.

— Prendrez-vous un bitter ou une absinthe en attendant qu'on vous serve?...

— Non... — Faites-nous servir le plus vite possible...

— Ça ne sera pas long.

Le restaurateur, très leste malgré l'embonpoint signalé par nous, s'élança vers son établissement afin de faire préparer le repas des deux personnes.

Pendant ce temps Paul et Raymond choisirent tout près de la berge un bosquet d'où ils pouvaient admirer le merveilleux paysage formé par un groupe d'îles verdoyantes.

Derrière ces îles se dessinait la silhouette du pont de Créteil encadrant de ses arches l'horizon ensoleillé et le vieux moulin si pittoresque.

L'île où se trouvaient le père et le fils et qu'un pont rustique unissait à la terre ferme, offrait en ce moment l'aspect de la plus complète solitude.

La matinée du reste n'était guère avancée et il est rare, dans les jours de la semaine, que les restaurants du bord de l'eau, même les plus connus et les mieux achalandés, soient peuplés, le matin, de nombreux consommateurs.

Cependant deux promeneurs entrèrent dans l'île, où ils arrivaient non pas en bateau mais par le pont.

Une servante les suivait, portant sur un plateau

deux verres, un carafon rempli d'absinthe et une carafe frappée.

— Où ces messieurs veulent-ils se placer? — demanda-t-elle.

— Là, — répondit l'un des deux nouveaux en désignant le bosquet voisin de celui occupé par Raymond et par son fils qu'ils n'avaient point remarqués.

Après avoir posé le plateau sur la table du berceau indiqué, la servante reprit :

— Ces messieurs déjeuneront-ils?

— Non, ma fille... nous ne ferons que prendre l'absinthe...

La servante retourna vers le restaurant et se croisa en route avec un garçon qui venait dresser le couvert de Paul et de Raymond.

Celui-ci, en entendant parler à côté de lui, avait tourné la tête du côté d'où venaient les voix.

Apercevant, à travers les treillages du berceau, deux visages inconnus, il s'était aussitôt remis à contempler le paysage.

Si léger qu'eût été son mouvement, il avait suffi pour attirer l'attention des nouveaux venus.

Voyant qu'ils n'étaient pas seuls, le plus âgé des deux fit un signe d'intelligence à son compagnon.

Celui-ci inclina la tête et répondit par un clignement d'yeux qui signifiait de la façon la plus claire :

11.

— Soyez paisible... j'ai vu... j'ai compris...

Fromental et son fils avaient repris leur conversation sur le site qui les charmait, mais l'entretien fut interrompu par l'arrivée du garçon venant placer sur la nappe bien blanche, du beurre frais, des radis roses, un pain, un poulet froid doré et appétissant, et la bouteille de vieux vin de Beaune constituant le premier acte du repas.

Le père et le fils mouraient de faim.

Ils le prouvèrent en attaquant de façon vigoureuse les hors-d'œuvre, et le bruit des mâchoires remplaça momentanément celui des paroles.

Les deux nouveaux venus, tout en préparant leur absinthe, causaient, mais quoi qu'ils eussent eu soin de mettre une sourdine à leurs voix, en apparence du moins, une grande partie de ce qu'ils disaient n'en arrivait pas moins à Raymond, dont l'ouïe était d'une délicatesse prodigieuse et qui d'ailleurs, par habitude professionnelle, écoutait.

Paul, lui, n'entendait absolument rien.

Nous devons ajouter que, placé en face de son père, il se trouvait plus éloigné des causeurs. — Son oreille, en outre, ne possédait point la finesse exceptionnelle de celle de Raymond.

Enfin il n'écoutait guère.

— Oui, cher docteur, — disait le plus jeune des buveurs d'absinthe en continuant la conversation commencée, — je vous l'affirme, vous avez assez d'autorité dans le monde de la science pour vous créer à Paris, à bref délai, une clientèle de premier ordre, et si nombreuse que c'est à peine si vous y pourrez suffire...

— J'en accepte l'augure, mon cher Pascal, — répondit le second des inconnus, — je vous le répète, je veux être ce qu'en France on appelle un *spécialiste*... Je veux combattre et vaincre une des maladies les plus redoutables et les plus répandues de notre époque, celle dont je vous expliquais l'autre jour les origines, les développements et les conséquences, l'ANÉMIE!...

En entendant ce dernier mot Raymond, qui n'avait écouté jusqu'alors que d'une façon inconsciente et distraite, devint singulièrement attentif.

L'anémie?

C'était le mal dont il supposait son fils atteint, et qui lui causait de si grandes inquiétudes.

Nos lecteurs ont reconnu déjà dans les nouveaux venus au restaurant de l'île les deux libérés de la maison centrale de Nîmes, Pascal Saunier et Jacques Lagarde, ou pour mieux dire le docteur américain Thompson et son secrétaire Pascal Rambert.

En public, et partout où ils supposaient qu'on pouvait les entendre, ils se parlaient non seulement de façon à ce qu'aucune de leurs paroles ne pût les compromettre mais encore de manière à s'asseoir de plus en plus dans leurs rôles, et à faire de la réclame au futur spécialiste.

Le docteur reprit :

— Certes, l'*anémie* n'était point un mal inconnu avant la seconde moitié du dix-neuvième siècle, et la preuve c'est que plusieurs auteurs en ont parlé en l'appelant successivement *hypémie*, *panhypémie*, *spanémie*, *chlorose*, et en lui donnant encore d'autres noms, ce qui ne pouvait qu'amener une regrettable confusion et égarer les recherches de la science, mais il est certain que ce mal, pour n'être point d'origine essentiellement contemporaine, a singulièrement grandi de nos jours, favorisé par les circonstances et les milieux dans lesquels il se développe...

» Les générations qui ont précédé celle dont nous sommes ont successivement brûlé leur vie, faisant ainsi de leurs descendants des candidats à l'anémie, qui n'est autre chose qu'un appauvrissement du sang, c'est-à-dire un état morbide où le liquide sanguin est insuffisant sous le double rapport de la quantité et de la qualité.

» Inutile de vous répéter tout ce qui a été dit et écrit à ce sujet... — Vous aurez bientôt d'ailleurs à vous en occuper à fond, lorsque je vous prierai de mettre au net le très long mémoire que je prépare en ce moment et que je compte soumettre à l'Académie de médecine, en sollicitant son approbation, pour moi la plus précieuse de toutes !

» Je crois démontrer indiscutablement dans ce mémoire que l'appauvrissement du sang, cause de l'anémie, peut se manifester et se manifeste en effet à toutes les périodes de la vie... — Les enfants nés d'un père ou d'une mère anémiques viennent au monde dans un état d'évidente anémie... l'anémie peut résulter également des entraves apportées par une raison quelconque à la bonne et suffisante alimentation du nouveau-né... — Il m'est prouvé que depuis l'âge d'un an jusqu'à douze, sur dix enfants huit au moins sont chloro-anémiques.

Raymond écoutait toujours, sans que Paul s'aperçût de l'attention prêtée par son père à l'entretien des deux inconnus.

— Ou je me trompe fort, — fit observer Pascal, — ou l'âge de puberté doit être essentiellement favorable à l'apparition ou au développement de l'anémie.

— Vous ne vous trompez pas, — répondit le docteur, — car c'est à l'époque où le corps prenant son développement aurait le plus besoin de fortifiants et de repos qu'on l'épuise, soit par des abus de plaisir, soit par des excès de travail. — Les travaux sédentaires, les études forcées produisent tout particulièrement l'anémie... — Les penseurs, les studieux, en sont plus menacés que l'homme livré par état à de durs et fatigants travaux manuels.

— Vous admettez en principe l'emploi du fer pour arriver à la guérison de cette terrible maladie ?...

— Assurément, je l'admets ; — le fer étant partie constituante des globules rouges qu'on trouve dans le sang, l'absorption des ferrugineux ; cela est clair, ne peut que fortifier les globules, mais les résultats sont d'une lenteur parfois bien décourageante pour le malade...

» A mon point de vue, la *manganèse* est cent fois, mille fois préférable aux ferrugineux ; sa puissance est véritablement inouïe, et c'est à son emploi, joint à celui de cette plante rare des tropiques dont mon vieux maître, le docteur John Byrr, m'a révélé l'existence et démontré les effets presque miraculeux, que je compte pour acquérir en France une renommée solide.

Jacques se rapprocha de Pascal et lui glissa dans l'oreille tout bas, si bas que Raymond ne put entendre, ces mots :

— Renommée qui nous permettra de vaquer en paix à nos occupations sérieuses.

Pascal sourit, puis demanda :

— Comment pourrez-vous, à Paris, vous procurer la plante aux effets merveilleux ?

— Elle n'est point introuvable, malgré son prix élevé. — On l'emploie dans la préparation de certains médicaments, mais on ignore absolument ses vertus contre l'anémie... vertus qu'elle doit surtout à une préparation chimique que j'opérerai moi-même, car je compte bien installer dans mon hôtel un laboratoire... — Quant à la plante, je la ferai venir par quantités, soit du Havre soit de Marseille, où elle arrive directement.

— Combien estimez-vous qu'il vous faudra de temps pour triompher de l'anémie par vos nouveaux moyens curatifs ?... — reprit Pascal.

— Six mois au plus pour une anémie grave. — Deux ou trois mois à peine pour une anémie secondaire... — répondit Jacques. — Tenez, — ajouta-t-il, en désignant de la main le bosquet où se trouvaient Raymond et Paul, — vous voyez à travers les feuillages ce jeune homme qui déjeune là, tout près de nous, en compagnie, probablement, de son père...

— Oui... — Eh bien ?...

Raymond avait entendu.

Une angoisse indéfinissable s'empara de lui.

Son cœur se serra.

Sa respiration sembla s'arrêter, et tous ses sens se concentrèrent momentanément en un seul : l'ouïe !...

— Eh bien ! — répliqua le docteur Thompson, — ce jeune homme est absolument anémique...

Fromental sentit un frisson courir sur sa chair, comme s'il venait d'entendre sonner un glas funèbre.

Jacques poursuivit :

— Chez lui, le mal est récent, mais il a pris très vite des proportions d'une gravité singulière... — Si rien n'arrête le développement du mal, sa vie est en danger...

— Sur quoi fondez-vous votre diagnostic ? — A quoi reconnaissez-vous que cet adolescent est atteint d'anémie ?

— Tout d'abord à son teint. — Ce visage pâle, ces joues d'un ton d'ivoire, ces lèvres décolorées, sont des symptômes auxquels, avec un peu d'expérience, il est impossible de se tromper. — Ce jeune homme a beaucoup travaillé déjà et, sans le moindre doute, il travaille encore au delà de ses forces... — Il se surmène... — Le péril est là... et ce péril est grave... très grave... — A la place du père, je tremblerais... — Mais le père, probablement, ne voit rien.

Tout le sang de Raymond se glaça dans ses veines.

Pendant quelques secondes le malheureux fut au moment de défaillir, mais il eut l'énergie de prendre sur lui-même et de se reconquérir assez vite pour que Paul ne s'aperçût pas de son trouble.

De nouveau, il écouta :

— Et cependant, — continuait le docteur, — si menaçante que soit la situation, j'ai la ferme confiance, j'ai la certitude absolue qu'il me suffirait de quatre mois pour rendre à ce jeune homme la santé, pour faire circuler un sang riche et généreux dans ses veines appauvries, pour mettre du rose sur ses joues blêmes et de l'incarnat sur ses lèvres blanches ! pour produire un miracle enfin, car raviver cette lampe qui s'éteint faute d'huile, pour tout autre que moi serait chose presque impossible !...

Raymond, brusquement, quitta son siège.

Ce qui se passait en lui, dans ce moment, ne pourrait se décrire.

Il allait s'élancer vers l'homme dont les paroles retentissaient au plus profond de son cerveau et de son cœur.

La voix de Paul l'arrêta.

— Père, — lui demandait le jeune homme, — qu'avez-vous ?...

Pour la seconde fois Raymond reprit possession de lui-même.

— Je n'ai rien, mon enfant, — répondit-il d'une voix presque calme. — Je voulais appeler...

— Vous faut-il quelque chose ?

— Oui... du vin... tu vois, notre bouteille est vide.

— Justement voici le garçon qui vient de notre côté... — Garçon, apportez-nous, s'il vous plaît, une autre bouteille...

— Du même vin, monsieur ?...

— Oui, du même, n'est-ce pas, père ?

Raymond approuva du geste, et le garçon se mit en devoir d'exécuter l'ordre donné.

XL

L'entretien avait continué sous la tonnelle voisine. Pascal le termina par ces mots :

— Votre succès est assuré, cher docteur, et si vous n'étiez riche et célèbre déjà, votre fortune et votre réputation seraient faites...

— J'en accepte l'augure... — répondit Jacques. — Achevons notre absinthe et allons déjeuner.

— Nous avons du temps devant nous... — Il n'est que onze heures et nous serons vite arrivés...

En ce moment le garçon reparut, apportant la bouteille de vin de Beaune et le dessert du père et du fils.

Raymond ne voulait pas laisser soupçonner à Paul tout ce qu'il y avait de douleur au fond de son âme.

Il se mit donc à causer avec une animation fébrile

et une gaieté factice, tout en jetant de fréquents coups d'œil aux deux inconnus, afin de s'assurer qu'ils ne se levaient point encore pour partir.

Le déjeuner se termina.

— Redescendrons-nous à pied jusqu'à Charenton, père ? — demanda Paul.

— Cela dépend de toi... — Si tu ne te sens pas trop fatigué, je marcherai très volontiers...

— Je n'éprouve aucune fatigue... — Je ne reculerais point devant le double de chemin, et je crois que l'exercice est très bon pour moi...

— Tu as raison... — Donc, c'est entendu. — Nous marcherons en fumant un cigare...

— Un cigare !! — répéta Paul étonné.

— Pourquoi non ?

— C'est vrai, pourquoi non ? — Si j'ai été surpris, c'est que tu fumes si rarement...

— Une fois n'est pas coutume... — Aujourd'hui, dans la campagne, au grand air, un cigare me fera plaisir...

— C'est que je n'ai point de cigares...

— Il y en a sans le moindre doute au restaurant... — Voici mon porte-monnaie, va payer l'addition de notre déjeuner et rapporte des cigares...

— Oui, père...

Paul prit le porte-monnaie et se dirigea vers le restaurant.

A peine avait-il fait vingt pas dans l'île que Raymond se dressa vivement et, tournant autour de la tonnelle qu'il venait de quitter, il pénétra dans le bosquet où se trouvaient le docteur Thompson et son secrétaire Pascal Rambert.

Les deux hommes le regardèrent avec un étonnement qui n'était point joué.

— Pardonnez-moi, monsieur, de venir ainsi me présenter à vous au mépris de toute convenance, — leur dit Raymond d'une voix qu'étranglait l'émotion, — mon indiscrétion et mon importunité ont une excuse... il s'agit du seul bonheur de ma vie... et vous le tenez dans vos mains...

— Expliquez-vous, monsieur, je vous prie... — fit Jacques avec une politesse froide.

— Je déjeunais sous la tonnelle voisine de celle-ci ; — ce qui est arrivé jusqu'à moi de votre conversation m'a révélé que vous étiez médecin, et que votre science était profonde...

— Je suis médecin, monsieur, c'est vrai...

— Tout à l'heure vous regardiez mon fils, et en parlant de lui, de son état de santé, vous avez prononcé des paroles équivalant à une condamnation...

— Ah ! monsieur, — répliqua Jacques d'un ton de regret, — combien je suis désolé d'avoir parlé assez haut pour être entendu de vous !... — je vous supplie de me pardonner.

— Eh ! monsieur, je bénis Dieu de vous avoir entendu !... — Mon fils est anémique, avez-vous dit ?...

— Je l'ai dit, et cela n'est que trop vrai...

— Moi, — reprit Raymond, — je soupçonnais le mal, mais sans me douter de sa gravité... — Vous, monsieur, du premier coup d'œil vous avez constaté le péril mortel, mais en ajoutant que vous auriez la certitude d'amener la guérison en moins de quatre mois par l'application du système que vous expliquiez à monsieur...

— J'ai cette certitude, en effet.

— Eh bien, monsieur, je viens à vous, suppliant. — Ne repoussez pas ma prière !... Soignez mon fils, mon unique enfant, guérissez-le et demandez-moi tout ce que je possède, je vous le donnerai sans regret...

Avec son talent habituel de comédien, Jacques Lagarde joua l'émotion de manière à tromper l'observateur le plus sagace.

— En vérité, monsieur, — dit-il, — voilà une rencontre tout à fait inattendue !! — Ce client, — mon premier client français ! — qui m'arrive dans des circonstances si singulières, me paraît pour l'avenir d'un très heureux augure... — Je consens à soigner votre fils... mais à une condition...

— Laquelle, monsieur ? — laquelle ? — s'écria

Raymond, — quelle qu'elle soit, elle est acceptée d'avance...

— Cette condition, c'est que mes soins seront gratuits. — J'agirai pour l'amour de la science et de l'humanité... — Cette cure prouvera d'ailleurs aux médecins français, mes collègues que, si je suis un homme de progrès, c'est en m'appuyant sur des faits prouvés et non sur de vaines théories... — Comptez sur moi, monsieur, je traiterai votre fils et je le guérirai... — Mais mon installation à Paris n'est point achevée... — C'est dans huit jours seulement que je pourrai vous recevoir...

Raymond devint pâle.

— Dans huit jours! — répéta-t-il. — D'ici à huit jours, le mal peut avoir grandi de façon à ne pouvoir être combattu.

— N'exagérons rien! — répondit Jacques, — je vous affirme que cela n'est point à craindre...

— En êtes-vous sûr?

— Absolument sûr?... — Quel âge a votre fils?

— Dix-neuf ans.

— Que fait-il?

— Il se prépare aux examens pour l'admission à l'Ecole polytechnique.

Jacques se tourna vers Pascal.

— Eh! bien, mon cher Rambert, que pensez-vous de mon diagnostic? — s'écria-t-il. — Avais-je raison de vous dire que ce jeune homme s'épuisait par excès de travail ?...

— Parbleu, cher docteur, je sais bien que vous êtes infaillible ! — répliqua Pascal.

— Je vous avais entendu dire cela, monsieur, — reprit Raymond, — et j'avais rendu toute justice à l'admirable sûreté de votre coup d'œil. — Mon fils a travaillé beaucoup en effet... beaucoup trop... Il est avide de savoir... — On ne peut l'arrêter...

— Il faudra bien cependant qu'il s'arrête ! — A partir de ce moment et jusqu'à nouvel ordre, il doit cesser tout travail... — Veillez à ce qu'il se nourrisse d'une façon abondante, d'aliments fortement azotés, viandes noires saignantes et vieux vins de Bourgogne et de Bordeaux... — Tenez la main à ce qu'il respire un air pur, à ce qu'il prenne beaucoup d'exercice... — Surtout, je vous le répète car c'est là le point capital, aucun travail intellectuel... — Si le corps se fatigue, tant mieux, mais il importe que le cerveau jouisse du repos le plus absolu... — Voilà mes prescriptions immédiates, et le régime à suivre... — Grâce à ce régime le mal ne fera point de progrès de nature à vous inquiéter... Lorsque je serai complètement installé, dans huit jours, venez me voir avec votre fils, — je tiendrai toutes mes promesses. — Rambert, veuillez donner à monsieur mon adresse à Paris...

Pascal Saunier tira de son carnet un carré de papier sur lequel il écrivit un nom, un nom de rue et un numéro.

Pendant ce temps Raymond adressait ses actions de grâces à Jacques Lagarde.

— Oh ! monsieur, — disait le pauvre père dont la douleur était un peu calmée, mais dont l'émotion restait profonde, — guérissez mon enfant, et en échange de sa guérison, puisque vous refusez d'accepter le peu que je possède, demandez-moi ma vie !

— Votre vie ! — répéta Jacques en riant. — J'espère bien qu'elle se prolongera longtemps, très longtemps, afin que vous soyez heureux auprès de votre fils guéri...

Pascal avait achevé d'écrire sur le carré de papier.

Il le tendit à Raymond qui le prit et lut tout haut :

— « *Monsieur le docteur Thompson. — En son hôtel. — Rue de Miromesnil, numéro 51.* »

Jacques poursuivit :

— Venez dans une huitaine de jours, et d'ici là pas un mot à votre fils... — il est plus qu'inutile de l'inquiéter, vous devez le comprendre...

— Je le comprends, monsieur, et je n'aurai garde de commettre cette imprudence !... Merci encore !... merci de toute mon âme.

Paul revenait.

Raymond serra l'adresse du docteur dans son portefeuille, prit son chapeau, salua une dernière fois le médecin et son secrétaire, puis il marcha vivement à la rencontre de Paul.

— J'ai payé, père... — dit celui-ci, — et voici des cigares... de beaux *londrès*, bien secs... — On ne croirait jamais qu'ils sont de la Régie ! — ajouta-t-il en riant.

Raymond choisit un cigare et l'alluma.

Le batelier se trouvait en ce moment sur l'embarcadère.

— Vous allez nous passer, — poursuivit le jeune homme en s'adressant à lui.

— Tout de suite, entrez dans le bachot...

Le père et le fils embarquèrent, et quelques minutes plus tard ils mettaient pied à terre sur le chemin de halage qui devait les conduire au pont de Charenton, — route suivie par eux pour venir.

Tout en marchant Raymond examinait son fils à la dérobée et constatait, l'un après l'autre, les symptômes signalés par le docteur Thompson.

Pauvre père ! — Malgré les promesses rassurantes du médecin américain, il lui semblait par instants voir le jeune homme étendu dans un cercueil, et il avait besoin de faire appel à toute son énergie pour empêcher ses larmes de jaillir.

Puis à ces minutes de découragement amer une

lueur d'espérance succédait, et Raymond regardait le docteur Thompson comme un sauveur envoyé par la Providence.

Pascal et Jacques, restés seul sous leur tonnelle, s'étaient remis à causer.

— Pardieu, cher docteur, — disait à son compagnon l'ex-secrétaire du comte de Thonnerieux, — sais-tu que c'est stupéfiant ! — Avant même d'avoir ouvert boutique de santé, te voilà déjà des acheteurs sur la planche !... — C'est une chance de... pendu !...

— Au point de vue de la publicité, l'affaire est bonne... — répliqua Jacques. — Je guérirai ce jeune anémique, et le bonhomme de père ira bientôt chanter mes louanges et vanter mon mérite... — La réclame parlée est la meilleure de toutes... — On se défie parfois de l'autre, sachant qu'elle est payée, jamais de celle-là qu'on doit supposer gratuite par conséquent sincère !

— Tu as raison, mon cher docteur ; je bois à la réclame parlée...

Et Pascal dégusta une gorgée du mélange préparé avec art qui mettait dans son verre des reflets d'opale.

A ce moment un jeune homme d'aspect singulier, plus que pauvrement vêtu, après avoir amarré au tronc de l'un des saules penché sur la rivière un vieux bachot aux trois quarts pourri, sauta lestement à terre et gravit la berge de l'île.

Il jeta un coup d'œil autour de lui, vit Pascal et Jacques attablés sous leur berceau de verdure et se dirigea vers eux.

Ce nouveau venu, à la figure complètement imberbe paraissait avoir dix-huit ou dix-neuf ans.

Son costume se composait d'un pantalon de grosse toile grise rapiécé en vingt endroits, et serré à la taille par une ceinture de laine jadis rouge, maintenant à peu près incolore.

Il portait une chemise de laine tellement usée qu'elle ressemblait à une guipure, et une casquette de drap à carreaux écossais et à visière de cuir verni, inclinée sur l'oreille droite à la *casseur d'assiettes*, et laissant passer de chaque côté une touffe de cheveux d'un blond filasse, formant des accroche-cœurs sur les tempes.

La veste de velours à côtes jetée sur son épaule avait été autrefois de couleur vert-bouteille, mais, détrempée par les pluies, brûlée par le soleil, elle ne présentait plus qu'un ton neutre, décelant de longs services.

Ce jeune homme aux traits irréguliers, à la physionomie insouciante et gouailleuse, offrait un de ces types qu'on ne rencontre guère que dans les bals de barrière et les caboulots des quartiers excentriques. — Cependant, somme toute, il n'avait point du tout mauvaise figure.

Arrivé près de la petite table qui supportait les verres presque vides de Jacques et de Pascal il fit halte et, touchant de deux doigts la visière de sa casquette, en élevant son coude à la hauteur de son épaule, ce qui constituait selon lui un salut de haut goût, il dit d'une voix grasseyante et traînarde :

— Pardon, excuse, messieurs... Voudriez-vous avoir la bonté, si toutefois c'était un effet de la vôtre, de me donner la valiscence de pincer une chimique à votre godet? Histoire d'en griller une....

Et il désignait le porte-allumettes de faïence posé sur le plateau.

— Prenez... — répondit Pascal en poussant de son côté ce porte-allumettes, et en examinant avec attention et curiosité le bizarre personnage que nous venons de décrire.

Le quémandeur tira de sa poche un bout de cigare aux deux tiers fumé — (ce que, dans le langage populaire, on appelle un *mégot*) — prit une allumette qu'il enflamma en la frottant par un geste d'une *voyouterie* très crâne sur le fond de son pantalon, et alluma le fragment de *londrès* ou de *trabucos* dont il n'était assurément propriétaire que de seconde main.

Il en tira quelques bouffées de fumée avec une

12

satisfaction manifeste, salua comme il avait fait au moment de son arrivée en touchant de deux doigts la visière de sa casquette, tourna sur ses talons et se dirigea vers l'établissement du restaurateur.

Mais à peine avait-il parcouru un espace de quinze ou vingt pas qu'il s'arrêta, fit volte-face et reprit le chemin du bosquet qu'il venait de quitter.

— Drôle de type ! — murmura Jacques Lagarde qui ne l'avait pas perdu de vue et qui le voyait virer de bord. — Le voilà qui revient... — Que diable peut-il nous vouloir encore ?

La curiosité du médecin ne devait point tarder à être satisfaite.

Le fumeur de bouts de cigares s'était arrêté de nouveau en face des deux amis, et après avoir esquissé pour la troisième fois son salut caractéristique, formulait cette question :

— Ces messieurs n'auraient pas, des fois, l'idée d'acheter une friture de Marne ?... Queq'chose de bien...

— Etes-vous donc pêcheur ?... — demanda Pascal.

— Oui, m'sieu... et je m'en fais honneur et gloire...

— Pêcheur à quoi ?... au filet ?

— A la ligne, m'sieu... — c'est de la ligne que je pince... et, sans me vanter, pour ce qui est du maniement de l'objet, je ne crains personne...

XLI

— Et, — continua Pascal, — vous prenez assez de poisson à la ligne pour offrir de nous vendre une friture ?

— J'en ai déjà vendu une ce matin, m'sieu… — répondit l'original personnage, — j'en ai une à vendre présentement, et j'espère bien que ce soir j'en aurai encore une autre, et p't-être deux…

— Alors, la pêche est votre métier ?…

— C'est mon métier et c'est mon plaisir… je pêche en amateur parce que ça me fait rigoler de sentir le goujon ou la carpe frétiller au bout de mon crin et de voir le bouchon piquer des têtes… et je pêche en pêcheur parce que ça me procure le moyen de boulotter et de me payer, quand il fait soif, un petit litre de reginglard… Et allez donc, turlurette !… V'là mon caractère !… Turlurette, allez donc !

— Alors, — reprit Pascal en riant, — c'est une occupation à deux fins... Votre amusement vous fait vivre.

— Oui... dans la saison... quand ça mord.

— Et, quand ça ne mord pas ?

— Quand ça ne mord pas, je fais autre chose.

— Vous avez un état ?

— Un état ?... — Oh ! la ! la !... — Mince d'état !... — Point besoin d'état pour occuper agréablement Bibi... — Je flâne... j'étudie la nature...

Jacques et Pascal ne purent comprimer un éclat de rire.

Le langage de leur interlocuteur les mettait en gaieté.

— Vous flânez... vous étudiez la nature... — répéta Jacques.

— Oui, m'sieu... la belle nature...

— Mais alors vous avez des rentes ?...

— Tout juste celles que me rapportent mes asticots et mes vers rouges...

— Dans ce cas vous ne devez pas manger souvent à votre appétit...

— L'appétit !... un mot qui a l'air de quelque chose et qui ne veut rien dire ! — répliqua le jeune pêcheur en haussant les épaules. — On conforme la capacité de son estomac à l'état de sa bourse ! — Quand j'ai pas un radis je serre d'un trou ma sous-ventrière et je n'ai pas faim... — Quand les fritures ont donné ferme, je me paye un *frichti* à tout casser ! — Ça fait une moyenne comme dit c't'autre... — Faut être philosophe !...

— Et vous l'êtes, — dit Pascal.

— Tout de même... et regardez, m'sieu... vous verrez que la philosophie ne me maigrit pas trop...

En disant ce qui précède, le jeune pêcheur cambrait sa taille, étalait son torse, montrant une poitrine large, des biceps sérieux et une figure de prospérité.

— En effet, — reprit Pascal, — vous n'avez point du tout la mine d'un homme nourri de privations... — Ce qui n'empêche pas que, pour demander toutes vos ressources à la pêche à la ligne, dont le produit doit être en somme assez maigre, il faut vous supposer incapable d'autre chose ou conclure que vous êtes un paresseux...

— Incapable ou paresseux ! — s'écria le philosophe avec un geste de dignité comique. — C'est bientôt dit ! — Pour sûr et pour certain que je ne demande quoi que ce soit à quiconque... — Je vis de mon travail... — Papa voulait me faire cordonnier... le ligneul ne me disait rien... je cousais les empeignes à l'envers. — J'ai des idées d'indépendance. Je tiens à être mon maître, et j'adore la campagne et la pêche à la ligne... Vous voyez comme ça s'enchaîne. — J'ai lâché la cordonnerie pour un vieux bachot, et je boulotte en liberté jusqu'au jour où j'hériterai...

— Ah ! ah ! — fit Pascal. — Vous avez des espérances d'héritage ?...

— Je vous crois, que j'en ai, mon petit père ! — répliqua le pêcheur qui se familiarisait notablement, — et en attendant que j'hérite, je me suis dis : — *Tu sais, mon vieux, faut pas t'esquinter le tempérament à turbiner... C'est ça qui serait bête ! — Flâne tout à ton aise, étudie la belle nature et taquine le goujon... Ça te fera un petit sort assez gentrouillet... — Couche à droite ou à gauche, où ça se trouvera, sur un tas de foin, dans un bachot, dans une carrière, sous un pont, n'importe où ! — Après avoir fichu la misère, le lit de plume de l'héritage te paraîtra plus doux, et les jaunets de vingt francs que tu dois empocher un jour te feront l'effet d'en valoir quarante.* » — Alors moi j'ai trouvé un truc...

— Un truc ?... — répéta Jacques Lagarde.

— Ou, m'sieu... et pas bête du tout... — jugez-en : — J'exploite honnêtement l'amour-propre du pêcheur parisien... Quand il n'a rien pris, et qu'il ne veut pas revenir bredouille lui qui fait le malin avec ses amis et connaissances, j'ai toujours une jolie friture à lui vendre... et je vous prie de croire qu'il me l'achète un bon prix... — Tant pour les trois douzaines de goujons, tant pour la vanité, et ce ne sont pas des goujons qui se payent le plus cher !... — je ne mange pas à ma faim tous les jours, — disiez-vous tout à l'heure ; — il est certain que, des fois, la pitance est maigre... c'est un bien pour un mal... Ça me fera trouver encore meilleurs les bons beefsteaks aux pommes et les fines côtelettes aux cornichons qui m'arriveront plus tard... quand je serai riche... quand j'aurai palpé mon héritage...

— Alors l'héritage dont vous parlez n'est point une plaisanterie ? — demanda Pascal Saunier.

— Une plaisanterie !... — répéta le pêcheur scandalisé, — plus souvent ! — Je vous prie de croire que c'est sérieux ! — Les *roues de derrière* et les *jaunets* grouilleront dans mes goussets comme les asticots dans ma boîte de fer-blanc. — J'en aurai tant que je n'en saurai que faire !... — En attendant, inutile de me fatiguer au travail, pas vrai ?... — Je suis un flâneur, un loupeur, un vagabond, possible, mais je défie quiconque de m'appeler canaille, car je ne fais de tort à personne... — Quand l'envie de fumer me prend, je ramasse des bouts de cigares ; c'est glaner, ce n'est pas voler... — Je possède ma propre estime, et soyez paisible, mes bourgeois, j'aurai aussi l'estime des autres, quand on saura que j'ai des rentes... — J'en connais des flottes qui me salueront très bas !...

— C'est bien pour l'avenir, — fit observer Jacques Lagarde, — mais votre père et votre mère, qu'est-ce qu'ils pensent de votre existence actuelle ?...

— P'pa, c'est un brave homme, mais qui a des idées obtuses ; — répondit le jeune pêcheur, — m'man, c'est une brave femme, mais qui n'a pas pour deux sous de jugeotte, et qui subit l'influence des idées bêtes de papa... — c'est des arriérés, voyez-vous... y sont pas de leur époque... — p'pa n'a jamais voulu comprendre qu'un jeune homme a besoin de sa liberté... Commissionnaire de son état, toute la semaine il s'esquinte avec son crochet... — le lundi, pour se distraire, il se boissonne jusqu'à plus soif, et il se flanque des plumets de soulographie que le diable en prendrait les armes !... — Les hommes qui se pochardent et qui tapent sur leurs femmes quand ils sont dans les vignes, j'aime pas ça ! — papa battait maman tous les lundis soirs, régulièrement, et comme je n'aurais pu défendre maman qu'en tapant sur papa, ce qui n'aurait point été à faire, j'ai lâché la baraque et joué la fille de l'air... — Les deux vieux, à l'heure qu'il est, ne savent pas ce que je suis devenu, ni si je suis vivant ou défunt... — Tout ça n'empêche que je les aime bien tout de même, et quand j'aurai touché mon héritage ils en auront leur part, je vous en fiche mon billet.

Le jeune pêcheur s'interrompit pour souffler, puis il reprit :

— Mais je suis là que je bavarde, et c'est point de ça qu'il s'agit... — m'achetez-vous une friture ?

— Non, mon garçon, — répondit Jacques en souriant. — Nous ne saurions qu'en faire...

— C'est regrettable... Alors je vais la vendre au patron du restaurant...

— Une minute donc ! — fit Pascal. — Vous êtes libre comme l'air et rien ne vous presse. — Quel âge avez-vous ?...

— Dix-neuf ans...

— Cet héritage dont vous parlez toujours, quand le toucherez-vous ?

— Quand je serais majeur.

— De qui vous viendra l'héritage en question ? — D'un parent riche, sans doute ?

— D'un parent riche ? Ah bien, oui ! — à part p'pa et m'man qui sont sans le sou, je n'ai pour tout parent qu'un oncle... — il tire le cordon rue Lepic, à Montmartre, mon oncle ! — Ça lui serait bigrement difficile, au pauvre cher homme, de me laisser un fort sac... Car il sera fort, le sac ! — je ne sais pas le chiffre au juste de ce qu'il y aura dedans, mais ça se comptera par paquets de billets de mille...

— Enfin, cette fortune, — poursuivit Pascal, — si

ce n'est de l'un des vôtres, de qui diable la recevrez-vous ?

— Vous n'allez pas me croire, tant c'est drôle !... et pourtant c'est la vérité, tout ce qu'il y a au monde de plus vrai !...

— Je vous assure que nous vous croirons...

— Eh bien ! elle me viendra tout uniment de la chance que j'ai eu de venir au monde le 10 mars 1860.

Jacques et Pascal, en entendant ces mots, tressaillirent et échangèrent un regard significatif.

— Ah ! vous êtes né le 10 mars 1860 ? — reprit Pascal.

— Oui, m'sieu... ce qui fait que j'ai amené ce jour-là un numéro gagnant à la loterie de l'hasard. Et nous sommes comme ça six dans Paris qui, sans le savoir, avons eu la veine de piger les bons billets... les billets qui rapporteront de la douille, le jour de Sainte-Touche !...

Cette dernière phrase éclairait la situation.

Pascal et Jacques ne pouvaient plus douter.

Ils se trouvaient en présence de l'un des enfants dont le comte de Tonnerieux, par le testament qu'ils connaissaient, croyait avoir assuré la fortune.

Or, cet enfant était certainement celui-là même qui, d'après les notes prises par Pascal, avait depuis longtemps déjà quitté sa famille désespérée par sa conduite ou plutôt par son inconduite, Prosper-

Jules Boulenois, le fils de Gratien Boulenois, le commissionnaire.

— Mais c'est tout un roman, ce que vous venez de raconter là! — dit Jacques au pêcheur.

— Pour sûr, m'sieu, ça ressemble à un roman, — répliqua celui-ci. — Mais ce n'en pas moins une histoire véridique... — Je suis un *propiétaire* futur, tel que vous me voyez et quoique je n'en aie point l'air... — Je suis doté d'un fort capital et j'ai là-dedans un laissez-passer pour arriver chez le donateur ou le notaire qui doit me coller ma part du magot le jour de mes vingt et un ans...

En disant ce qui précède, Jules Boulenois, — car en effet c'était bien lui, — avait déboutonné sa chemise de laine et exhibait un petit sachet de drap en forme d'amulette ou de scapulaire, suspendu à son cou par un cordon solide et reposant sur sa poitrine.

Une lueur s'alluma dans les prunelles de Pascal et de Jacques, tandis que leurs yeux se fixaient sur ce sachet, qui sans le moindre doute renfermait une des médailles commémoratives dont le testament du feu comte faisait mention.

A coup sûr une des faces de cette médaille portait les mots détachés dont la réunion avec les mots des autres médailles devait donner la clé du mystère, vainement cherchée à la Bibliothèque nationale dans le *Testament rouge*.

Pascal, affectant un air calme que démentait le feu de son regard, demanda :

— Quel est donc ce laissez-passer?

— Une médaille, m'sieu.

— Une médaille d'argent, de bronze ou de plomb?

— Mieux que ça ! — Une médaille en or, en vrai or, contrôlé à la Monnaie, et qui vaut au moins cent trente francs au poids! — Faudrait manquer de jugeotte pour ne point comprendre que si j'ai gardé jusqu'à présent un pareil bibelot sans le bazarder ou sans le porter au clou, c'est qu'un jour qui sera, il vaudra plus de mille fois son poids!

— Je crois, mon brave garçon, que vous vous moquez de nous, — dit avec un rire forcé Pascal dont les yeux étincelants auraient voulu lire à travers l'étoffe les mots gravés sur la médaille.

— Me moquer de vous! — fit Jules Boulenois. — Par exemple!!

— Prouvez-nous le contraire...

— Comment?

— Montrez-nous l'objet.

— Oh! ça, par exemple, impossible!

— Pourquoi, impossible?...

— Le drap est cousu...

— On pourrait le découdre...

— Jamais de la vie!! — C'est un fétiche qu'il faut tenir à l'ombre... il a peur du jour... — C'est le na-

nan à Bibi... — Personne ne pourra se vanter de l'avoir vu avant le notaire !...

Jules Boulenois replaça le sachet sur sa poitrine et rattacha le bouton de sa chemise.

Pascal et Jacques échangèrent un nouveau coup d'œil.

— Eh bien ! mon garçon, — dit Jacques, — bonne chance à votre fortune ; — seulement, voulez-vous que je vous donne un conseil?

— Tout de même... Ça n'engage à rien...

— Eh bien ! si vous tenez à hériter, faites-vous un intérieur, car en dormant comme vous en avez l'habitude sur les trains de bois, dans les carrières, sous les ponts, endroits mal fréquentés la nuit, vous risquez fort de vous faire voler votre médaille.

— Celui qui la volerait aurait beau la présenter à ma place, il n'hériterait pas.

— Sans doute, mais il pourrait la vendre et vous ne la retrouveriez jamais...

— Personne ne sait que je la possède... — Je vous en ai parlé, à vous, parce qu'on voit tout de suite à qui on a affaire, mais je n'en souffle mot à quiconque... — Est-ce que j'ai l'air, avec mes frusques de quatre liards, d'un particulier qui porte à son cou une roue de derrière tout en or ?... — J'ai l'air d'un sans le sou... — A qui l'idée de me dévaliser viendrait elle?... je me le demande...

— C'est vrai... — il est certain que vous ne risquez pas grand'chose... — Et vous avez établi votre domicile de ce côté ?

— Pour le moment... — Pendant que ça mord, j'y reste... — Quand ça ne mord plus en Marne, je descends en Seine... — Comme ça, je varie mes plaisirs...

Une voix tonnante vint interrompre la causerie que nous sténographions fidèlement.

C'était celle du restaurateur.

— Eh bien ! eh bien ! qu'est-ce que tu fiches par ici, toi *La Fouine* ? — s'écria cet industriel en s'adressant à Jules Boulenois. — Tu viens encore de raser les consommateurs, fainéant !!

— Raser ! — répéta le jeune homme, — ah ! bourgeois, si on peut dire ! ! — Je proposais tout simplement une friture à ces messieurs...

— Tu as pris du poisson ?

— Pas mal.

— Qu'est-ce que tu as ?

— A peu près deux livres de goujons et trois livres de carpettes.

— Porte ça à la cuisine... j'irai te le payer...

XLII

Jules Boulenois se tourna en riant vers Pascal et Jacques.

— Eh bien! vous voyez, — leur dit-il, — ma philosophie, la v'la! — Hier, ça ne mordait pas, et je n'ai tortillé qu'un chiffon de pain et une croûte de fromage... — Aujourd'hui, ça a mordu, et je vais me payer une entrecôte aux pommes avec une demie de vin blanc... Et allez donc Turlurette! Turlurette allez donc!

Et après avoir fait son salut habituel en touchant de deux de ses doigts la visière de sa casquette, il s'élança vers la berge afin de prendre dans la *boutique* de son bachot le poisson qu'allait lui acheter le restaurateur de l'île.

Celui-ci était retourné à son établissement.

Pascal saisit la main de Jacques.

— Que penses-tu de notre veine? — lui dit-il à voix basse. — En voilà déjà un qui ne nous aura pas donné beaucoup de peine à chercher! — Nous le retrouverons ici facilement... — Il nous faut sa médaille!...

— Silence! — répliqua Jacques, en voyant revenir le jeune homme portant dans une poche en filet sa pêche vivante et frétillant.

Boulenois ou la *Fouine*, comme l'appelait le restaurateur, passa près d'eux en courant et disparut.

Tandis qu'avait lieu dans l'île ce que nous venons de raconter, Raymond Fromental et son fils se dirigeaient en causant vers le pont de Charenton.

— Ainsi, père, — disait Paul, — tu désires que demain, de bonne heure, je vienne m'installer avec Madeleine dans la petite maison que tu as louée?

— Oui, mon cher enfant, car étant moi-même obligé de m'absenter dès le matin, je serai très content de vous savoir ici... — Je crois même que je ferais bien d'expédier Madeleine en avant, ce soir, pour tout préparer...

Après quelques secondes de silence Raymond reprit, non sans une nuance d'embarras que trahissait sa voix mal assurée :

— Je veux maintenant te parler d'une chose qui te concerne et qui me préoccupe beaucoup. — Depuis deux ans tu travailles plus que de raison...

— Mais je t'assure... — interrompit Paul.

— Laissez-moi continuer! — dit Fromental en coupant la parole à son fils, — oui, je le répète, tu travailles plus que de raison, et je crains que les nouvelles études indispensables pour ton admission à l'Ecole polytechnique ne te fatiguent en ce moment outre mesure et ne nuisent à ta santé. — Je souhaiterais donc te voir retarder d'un an tes examens... — Cela me donnerait la tranquillité d'esprit et te mettrait à même de te fortifier...

— Comment, père, — s'écria le jeune homme avec une expression de véritable chagrin, — tu voudrais, sérieusement, me retarder d'une année?... — C'est si long, une année! — que ferais-je pendant tout ce temps sans travailler? — Je te certifie que l'ennui me rendrait malade...

— Il ne s'agit point de ne plus travailler, mais de travailler lentement, en n'en prenant qu'à ton aise et par conséquent sans fatigue... — Je tiens à ce qu'il en soit ainsi et tes objections n'influenceraient pas ma volonté... — Quant à l'ennui, je ne le redoute guère pour toi... — Tu le combattras par la promenade, par la pêche, par les mille distractions de la campagne. — D'ici à quelques jours, d'ailleurs, nous irons ensemble chez un médecin.

— Chez un médecin!... — répéta Paul, — A quoi bon? — je t'affirme, père, que je ne suis pas malade...

13.

— Assurément, mais tu es faible et tu as besoin de suivre un régime qui te fortifie... C'est précisément ce régime que je veux nous faire indiquer par un médecin plein d'expérience...

— Je ferai ce que tu voudras, père, tu le sais bien, mais tu te mets en tête des soucis sans motifs... — La vigueur serait venue toute seule quand ma croissance sera terminée...

Les deux promeneurs étaient arrivés au pont de Charenton.

Là ils prirent le bateau-mouche, et vers deux heures ils rentraient dans leur appartement de la rue Saint-Louis-en-l'Ile.

— Eh bien! mes chers maîtres, — demanda curieusement la vieille servante, — avez-vous trouvé notre affaire?...

— Oui, ma bonne Madeleine, — répondit Raymond.

— Et, — ajouta Paul, — impossible de rêver un plus joli paradis terrestre... — C'est sur le bord de la rivière, avec un grand jardin, des légumes, des fruits et, par-dessus le marché, des arbres superbes...

— Les malles sont prêtes et bourrées de linge... — s'écria Madeleine toute joyeuse. — Ce n'est pas mo qui vous retarderai. — Quand emménageons-nous?...

— Paul, demain matin ; et toi tu coucheras là-bas ce soir.

— Toute seule dans une maison que je ne connais point ! — fit la servante avec une grimace significative.

— Ne seras-tu pas bien aise d'avoir mis la maison en ordre demain pour l'arrivée de Paul, et de le recevoir avec un bon déjeuner ?

— Tiens, père, — dit le jeune homme à qui la grimace de la dévouée créature n'échappait point, — Madeleine a peur, je le vois bien, et ce n'est pas sa faute... — Eh bien si tu me le permets, je vais préparer ma valise sans perdre une minute, et au lieu d'attendre à demain, j'irai ce soir m'installer avec Madeleine.

— Ah ! comme ça, ça m'ira joliment ! — s'écria celle-ci complètement rassérénée. — Sitôt pris, sitôt pendu ! — Nous dînerons là-bas... — Je trouvai bien moyen d'approviser un petit repas très suffisant...

— Puisque tu le veux, faites donc ! — Dépêche-toi d'apprêter ta valise.

Paul passa dans sa chambre et se hâta d'empaqueter les choses qui lui semblaient le plus nécessaires à emporter, mais ne s'encombrant point car, si près de Paris, ce serait une promenade de venir chercher ce dont il aura besoin.

Resté seul avec la servante, Raymond l'emmena

dans la pièce la plus reculée de l'appartement, et lui dit en mettant une sourdine à sa voix :

— Ma bonne Madeleine, il faut nous occuper très sérieusement de Paul... plus sérieusement encore que je ne le supposais... J'ai vu un médecin...

Il s'interrompit.

— Eh bien ? — demanda Madeleine haletante.

— Eh bien ! l'enfant est en danger.

— En danger !... — répéta la servante pâle de terreur, — en danger ! Ce n'est point possible ! !

— Ce n'est, hélas ! que trop certain... Mais on peut conjurer le péril par des soins minutieux... par des soins de toutes les heures. — Il lui faut une nourriture abondante et tonique, des vins généreux, la tranquillité d'esprit la plus absolue, et surtout pas de travail... En ce qui concerne la table et la cave, n'épargne rien... N'hésite devant aucune dépense. — Ce n'est plus l'heure de l'économie... Procure-toi les bordeaux et les bourgognes les plus vieux, les plus dépouillés... Ne songe point à ménager le peu que je possède... La vie de Paul m'est autrement précieuse que toutes les richesses de la terre !... je veux qu'il vive !...

— Et il vivra ! — répondit la brave femme en imposant silence à son émotion, — il vivra... je vous le promets... je vous en réponds... — Je le soignerai si bien... vous verrez... Ah ! non, je n'épargnerai rien !...

Je donnerais mon sang pour Paul, s'il le fallait, et de tout mon cœur !...

— Voici mille francs, — reprit Raymond en tendant à Madeleine un rouleau d'or. — Lorsque cette somme sera épuisée, demande... tu auras...

En ce moment, le jeune homme arrivait.

— Tu es prêt ? — lui dit Fromental.

— Oui, père... — J'ai suivi tes instructions... peu de livres dans mon bagage... — Nous pouvons partir... mais j'ai le cœur bien gros...

— Pourquoi ?

— Parce que tu ne viens pas avec nous...

— En ce moment cela m'est impossible, et tu sais bien que je le regrette autant que toi, mais très prochainement j'irai te voir, et chaque fois que j'aurai un moment de liberté, je le passerai près de toi...

Madeleine était allée chercher une voiture.

On chargea les bagages.

Raymond garnit de quelques pièces d'or et de monnaie blanche le porte-monnaie de son fils, et voulut l'accompagner jusqu'au chemin de fer.

Sans être positivement douloureuse, la séparation de ces deux êtres qui s'aimaient plus que tout au monde fut triste.

Les yeux de Raymond et de Paul étaient humides.
— La vieille Madeleine essuyait les siens.

La cloche sonnant pour le départ du train les sépara. — Une heure après la digne servante et le jeune homme s'installaient à la villa de Port-Créteil.

Retournons un peu en arrière.

Pascal et Jacques, en quittant la tonnelle du restaurant de l'île, étaient retournés au *Petit-Castel* où le déjeuner les attendait.

Chemin faisant ils n'échangèrent qu'un petit nombre de mots mais, si courte qu'elle fût, leur conversation roulait exclusivement sur la rencontre qu'ils venaient de faire, grâce au heureux hasard jetant sur leur chemin l'un des hommes que, pour des motifs connus de nous, ils désiraient par-dessus tout avoir sous la main. — Il importait de mettre à profit cette rencontre inattendue.

— Nous agirons en temps utile, — disait Jacques Lagarde. — Je crois prudent d'attendre notre installation à Paris, mais il faut la hâter le plus possible...

— Compte sur moi, — répondait Pascal, — je ferai en sorte que pas une minute ne soit perdue.

Pendant le déjeuner le médecin, s'adressant à Angèle, la prévint que dans le courant de la semaine suivante il prendrait possession de l'hôtel acheté par lui à Paris, et il ajouta :

— Comme il est convenu, ma chère cousine, que vous et Marthe habiterez avec nous cet hôtel, je vous prie de bien vouloir vous joindre à Rambert pour surveiller certains détails d'emménagement. — Vous jugez inutile, n'est-ce pas, de conserver un appartement en ville ?

— Absolument, — répliqua l'ex-marchande à la toilette.

— Vous ferez donc transporter à l'hôtel ceux de vos meubles particuliers auxquels vous tenez... — reprit Jacques. — Ils serviront à meubler les deux chambres que vous choisirez.

— Et je vendrai le reste du mobilier, sans usage désormais... — C'est convenu. — Quand faudra-t-il m'occuper de cela ?...

— Dès demain, si vous le voulez bien...

— Je veux tout ce que vous voulez... — Demain, mon cher cousin, je serai à vos ordres... — A propos, que comptez-vous faire des deux domestiques ?

— Je compte les emmener à Paris... — A quoi bon les laisser dans cette propriété quand nous n'y serons pas ?... ils y prendraient des habitudes d'oisiveté déplorables... — Demain, ils occuperont leur poste de concierges de l'hôtel.

— Et à moi, docteur, — demanda Marthe, — ne me réservez-vous pas un rôle actif dans le travail de votre installation ?

— Aucun, mon enfant...

— Pourquoi ?

— Vous ne connaissez point Paris, et votre présence y serait plus gênante qu'utile au milieu du désordre inévitable d'un emménagement.

— Que ferez-vous donc de moi ?

— Je compte vous laisser ici pendant quelques jours... oh ! très peu de jours...

— Toute seule ! — s'écria Marthe.

— Non, pas toute seule... — Je me procurerai aujourd'hui une paysanne des environs qui viendra faire votre service, et à moins que cet arrangement ne vous déplaise...

— Cher docteur, — répondit la jeune fille, — rien de ce qui vous convient ne peut me déplaire. — J'attendrai donc ici que vous m'appeliez auprès de vous.

— Vous n'aurez pas peur, dans cette grande maison ?

— Ah ! certes non !... — De quoi aurais-je peur, et qui pourrait me vouloir du mal ?

— Votre solitude ne sera, du reste, que relative... — Je viendrai souvent, car je vais faire exécuter ici certains travaux qui me paraissent indispensables.

— Je les surveillerai si vous le désirez, docteur.

— Cela me sera très agréable et je compterai sur vous pour activer les ouvriers.

Le déjeuner était terminé.

Marthe alla aider Angèle à préparer tout pour son départ du lendemain.

Jacques fit monter les deux Alsaciens, mari et femme, et leur annonça que le jour suivant ils prendraient possession de leur loge à l'hôtel de la rue Miromesnil.

— Ya, mein herr, — répondit l'homme avec un accent de terroir très prononcé, — fus puvez gonder gue nus serons brêts...

— Maintenant, — dit le docteur à Pascal Saunier, — tu vas me faire le plaisir d'aller soit à Joinville-le-Pont, soit à Créteil, et de t'y procurer une sorte de femme de ménage capable de servir Marthe pendant huit jours...

— Facile ! — Est-ce tout ?

— Non... — il me faut aussi un entrepreneur de maçonnerie...

— Que diable en veux-tu faire ?

— Je te l'expliquerai... ou plutôt tu n'auras pas besoin d'explications, tu comprendras en m'entendant donner mes instructions. — Va vite... Je t'attends.

Pascal sortit.

Une heure après il rentrait, ayant trouvé une jeune paysanne en état de mettre une chambre en ordre et de sauter une omelette.

De plus il ramenait un maître maçon de Joinville.

— Voici la personne dont vous avez besoin, monsieur le docteur... — dit-il à Jacques en lui présentant l'industriel.

— A merveille, — fit le pseudo-médecin américain. — Veuillez donc me suivre, monsieur... — Je vais vous montrer les travaux que je vous prie d'exécuter dans le plus bref délai...

Et, quittant le salon, il descendit au sous-sol où se trouvaient la cuisine et l'office, prenant jour l'un et l'autre sur le parc, derrière l'habitation, par des fenêtres basses et garnies de barreaux. — On entra d'abord dans l'office.

— Je vais faire une absence de quelque durée, monsieur, — reprit Jacques, — et ma villa contient un mobilier qui n'est pas sans valeur, de la vaisselle, du linge et des objets de prix... — Je sais que des bandes de malfaiteurs dévalisent trop souvent les maisons inhabitées aux environs de Paris, et je ne voudrais point que, faute de quelques précautions élémentaires, la mienne fût mise à sac... — Voilà des fenêtres qui s'ouvrent sur le parc... — Elles sont à la vérité garnies de barreaux, mais il suffirait de scier ces barreaux pous ouvrir aux dévaliseurs un passage facile.

— Que voulez-vous donc monsieur ? — demanda le maître maçon.

— Je veux, d'abord, des barreaux beaucoup plus serrés et plus solides, et ensuite un volet intérieur de nature à opposer une invincible résistance à toute tentative d'effraction... — Ce doit être possible et facile.

XLIII

— Possible et facile, oui, monsieur... — répondit le maître maçon, — j'ai parfaitement compris et je puis vous proposer un système, inventé par un serrurier de ma connaissance, de fermeture à secret qu'on ne pourrait ouvrir, même depuis l'intérieur, à moins de connaître le système... — Je ferai faire ce travail à ce serrurier. — Je prends note...

Il écrivit quelques mots sur un agenda et poursuivit : — Quant aux barreaux, ils seront quadrillés, scellés au plomb, et d'une qualité de fer ultra-résistante... — Et après cela, monsieur ?

Jacques désigna la porte de la cuisine.

— Je veux, — dit-il, — que cette porte, au lieu d'être en sapin léger, soit en bon bois de chêne, garnie de lames de fer qui en consolideront l'armature et en rendront l'effraction impraticable... — J'ai l'intention de laisser ici, pendant mon absence, de l'argenterie, quelques pièces de vaisselle plate, et d'autres objets d'assez grande valeur. Les sachant en sûreté, j'aurai l'esprit tranquille...

— Vous avez bien raison, monsieur!... — c'est de la p..dence, et de la plus sage!! — les malfaiteurs sont si nombreux qu'on ne saurait prendre trop de précautions... — Nous ferons une porte de tout à fait première épaisseur, bardée et cloutée de fer... une véritable porte de prison, et nous emploierons le même système de fermeture.

L'entrepreneur, après avoir écrit de nouveau sur son agenda, répéta :

— Et après cela, monsieur ?

— C'est tout pour ici, — répliqua Jacques en passant à la cuisine, puis il ajouta en désignant les fenêtres : — Je désire une fermeture pareille à celle des fenêtres de l'office.

— Parfaitement, monsieur. — Et la porte ?

— Peut rester telle qu'elle est. — Je ne déposerai rien ici de bien tentant pour les voleurs. — Venez à la buanderie dont les fenêtres prennent jour sur les devants de la villa.

Dans la buanderie, Jacques ordonna de fermer complètement les ouvertures par une solide maçonnerie.

On gagna le cellier qui n'avait qu'une fenêtre.

— Je compte placer ici mon coffre-fort renfermant des valeurs, — poursuivit Jacques, — il faudra donc murer également la fenêtre. — Vous installerez une porte en chêne bardée et cloutée de fer et munie d'un système de fermeture à secret et, dans ce côté de la muraille, vous ferez sceller un anneau de fer dans lequel je pourrai passer une chaîne adhérente à mon coffre-fort...

Le maître maçon écoutait avec une attention religieuse son nouveau client, mais à cette attention commençait à se mêler une certaine dose d'étonnement.

Les travaux commandés étaient en effet singuliers. — Le luxe de précautions prises ne manquait point, tout au moins, d'originalité.

Pascal qui suivait des yeux le maître maçon devina sans peine, en étudiant sa physionomie, ce qui se passait dans son esprit ; désireux de ne pas laisser à quelque fâcheux soupçon le temps de naître, il se pencha vers lui et profitant d'un moment où Jacques avait le dos tourné, lui dit à voix basse :

— Ne vous étonnez de rien... Le docteur est un peu maniaque... Victime à New-York d'un vol important, il voit des voleurs partout et il a peur de son ombre...

— C'est donc ça ! — pensa l'entrepreneur en souriant, et trouvant fort simples, par réflexion, les terreurs du propriétaire du *Petit-Castel*.

— Très bien ! très bien ! monsieur ! — fit-il — les choses seront exécutées d'après vos désirs... Est-ce tout pour le sous-sol ?

— C'est tout. — Montons au rez-de-chaussée...

On gravit les quelques marches de l'escalier, et Jacques gagna l'office, voisin de la salle à manger.

Dans cet office était placé le monte-plats simplifiant le service entre la cuisine placée au sous-sol et l'étage supérieur.

Ce monte-plats, large d'un mètre environ, se dissimulait dans le parquet comme un ascenseur et, selon qu'on appuyait sur l'un ou sur l'autre de deux boutons correspondant à des ressorts fort bien combinés, s'élevait jusqu'à la hauteur de la main, ou s'enfonçait dans le sous-sol.

Jacques le mit en mouvement.

— Ces chaines me semblent un peu faibles, — dit-il en touchant l'une d'elles, — souvent elles ont à porter des poids considérables quand le plateau remonte chargé de vaisselle. Ne serait-il pas à propos de les changer dans la crainte d'un accident possible ?

L'entrepreneur, après examen répondit :

— Ce serait une dépense absolument inutile, monsieur... Ces chaines sont assez solides pour supporter un poids de plus de cent kilos.

— Laissons-les donc ainsi, — fit Jacques — et

passons dans la salle à manger... Je vous signale les deux portes, elles sont si minces que l'on peut entendre facilement du dehors ce qui se dit dans cette pièce ; je voudrais remédier à cet inconvénient par de doubles portes capitonnées...

— Je ferai faire les châssis, monsieur, mais pour les garnitures, il vous faudra un tapissier...

— Ne pourriez-vous en trouver un ici?

— Impossible !...

— Faites donc venir un tapissier de Paris... — Les portes devront être garnies de doubles verrous de sûreté...

— Bien monsieur...

— Maintenant, autre chose, — reprit Jacques en désignant la muraille du côté de l'office. — Je désire que vous fassiez percer dans ce mur un trou de deux centimètres de diamètre, traversant de part en part, et garni d'un tube de fer. — L'orifice du trou doit se trouver un peu plus élevé du côté de l'office que de celui de la salle à manger. — Est-ce compris ?

— Parfaitement compris.

— Eh bien ! c'est tout.

— Rien au premier étage, monsieur ?

— Rien. — Les pièces du haut ferment solidement... Elles ont des volets extérieurs et intérieurs, et d'ailleurs j'y laisserai seulement de gros meubles qu'il serait impossible d'enlever.

— Pour quelle époque faut-il que les travaux commandés soient faits? — demanda l'entrepreneur.

— Je vous donne huit jours.

— Ce sera suffisant. — Dès demain je mettrai ici mes ouvriers, et j'amènerai le menuisier et le serrurier qui doivent exécuter une partie de la besogne...

— Il est bien entendu que je vous charge de tout... Menuisier, serrurier et tapissier travailleront pour votre compte... Je ne veux avoir affaire qu'à une seule personne...

— C'est bien entendu, monsieur.

— Il me reste à vous adresser une recommandation.

— Laquelle ?

— Je vous ai donné une preuve de confiance en vous apprenant quelle serait, en mon absence, la destination des pièces du sous-sol, en ne vous cachant point qu'elles renfermeraient des valeurs... — Je désire que vous ne fassiez part à qui que ce soit de ce que je vous ai confié...

— Vous pouvez être bien tranquille à cet égard, monsieur... — Je considère la discrétion comme un devoir professionnel.

— Je compte sur votre parole.

Jacques tira de sa poche son portefeuille.

Il y prit trois billets de mille francs qu'il tendit à l'entrepreneur en lui disant :

— Encaissez ceci, je vous prie, à valoir sur les travaux.

— Trois mille francs ! — s'écria le maître maçon. — Mais, monsieur, le mémoire que j'aurai à vous fournir n'atteindra certainement pas ce chiffre...

— S'il en est ainsi, tant mieux pour vous... — La différence sera tout bénéfice pour vous. — Prenez donc...

L'entrepreneur prit les billets.

— Je vous obéis, monsieur, — fit-il; — vous avez une façon d'agir qui doublera mon zèle...

Puis il salua et se retira, en se disant *in petto* :

— Il est maniaque et même un peu timbré, c'est évident, mais sa folie est douce...

Resté seul avec Jacques Lagarde, Pascal ne questionna point son complice au sujet du but véritable des travaux commandés par lui.

Il avait tout compris, ou plutôt tout deviné.

Le lendemain, de bonne heure, arriva la jeune fille de Créteil destinée à faire pendant une semaine le service de Marthe.

Elle était assez jolie, très vive, et ne paraissait point devoir engendrer la mélancolie.

Jacques donna quelques dernières instructions à l'entrepreneur qui la veille avait reçu ses ordres, et qui venait mettre ses ouvriers à l'œuvre.

Ensuite il quitta le *Petit-Castel* avec Pascal et Angèle, après de longs embrassements échangés entre celle-ci et Marthe.

Les deux Alsaciens, partis les premiers, prenaient possession de la loge dont ils devenaient titulaires à l'hôtel de la rue Miromesnil.

Dès son arrivée à Paris, Angèle devait s'occuper de ses préparatifs de déménagement.

Ce jour même Jacques Lagarde, sous le nom du docteur Thompson, après avoir donné des soins minutieux à sa toilette et s'être fait une tête américaine par la disposition de sa barbe taillée en fer à cheval, alla rendre visite à plusieurs des professeurs les plus en vue de l'Ecole de médecine.

Pendant ce temps Pascal installait les tapissiers à l'hôtel et ensuite, muni d'un portefeuille bien garni, se rendait dans les principaux journaux de Paris, afin d'y faire passer des notes et des *réclames* fort adroitement rédigées par lui sur les indications de Jacques, et de nature à surexciter la curiosité et la sympathie des Parisiens à l'endroit du médecin étranger dont on faisait un si bel éloge et dont on racontait des cures si prodigieuses.

*
* *

La promesse faite s'était accomplie.

Raymond Fromental avait reçu une commission

d'inspecteur adjoint près les bibliothèques du gouvernement, commission qui lui ouvrait toutes les portes et qui, — chose infiniment précieuse pour lui, nous le savons, — le mettait à couvert vis-à-vis de son fils.

Dès le lendemain de son excursion avec Paul sur les bords de la Marne, il s'occupa des mesures à prendre pour arriver à la découverte des voleurs de livres dans les bibliothèques.

D'abord il se rendit à la Préfecture, où il demanda et obtint l'autorisation de ne recevoir qu'à l'appartement du boulevard Saint-Martin les subordonnés auxquels il devait donner des ordres et dont il aurait à entendre les rapports.

Parmi ces subordonnés il fit un choix, et réunissant ceux qu'il considérait comme devant lui être plus particulièrement utiles, il leur donna ses instructions et les lança, non sur diverses pistes, puisque les pistes n'existaient pas, mais dans différentes directions.

Ils devaient procéder à des investigations discrètes chez les bouquinistes, chez les libraires, surtout chez ceux qui se faisaient une spécialité des livres rares et de haut prix, très recherchés par les riches amateurs.

Lui-même, vêtu d'une façon sévère et portant à la boutonnière de sa longue redingote noire une rosette multicolore, il alla visiter les conservateurs des bibliothèques de Paris, afin d'obtenir d'eux, de vive voix, des renseignements plus précis au sujet des vols dont ils avaient été victimes.

Bref, Raymond cherchait.

Jacques travaillait à établir sur des bases solides sa renommée scientifique.

Pascal faisait face tout à la fois aux nécessités de la réclame et aux exigences de l'installation prochaine.

Partout où il se présentait sous le nom du docteur Thompson, Jacques Lagarde recevait un excellent accueil.

Nous savons qu'il était d'apparence agréable, charmant causeur, très réellement instruit, et possédant le grand art de laisser deviner sa science sans en faire étalage.

Les professeurs de la Faculté ne lui marchandèrent point leurs encouragements, et promirent leur bienveillant concours à la tâche qu'il se proposait d'accomplir.

D'avance le succès se dessinait, plus que probable, presque certain.

Rue de Miromesnil, les choses marchaient également le mieux du monde.

Les travaux de décoration et d'ameublement des pièces de réception, des pièces que nous pourrions appeler officielles, avançaient.

Angèle avait vendu une partie du mobilier de l'appartement qu'elle quittait, et fait transporter le reste dans les pièces dont elle devait avoir la jouissance au second étage de l'hôtel, à côté du logement de Marthe et de celui de Pascal Saunier.

On procédait à l'installation du laboratoire au premier étage, à côté de l'appartement de Jacques avec lequel il communiquait.

Pascal se frottait les mains.

Dans huit jours tout sera terminé ! — disait-il à Jacques. — Ton cabinet de consultations sera une merveille de style ! — Je te garantis qu'on en parlera dans Paris !

— As-tu songé aux livres qui doivent garnir les corps de bibliothèque de ce cabinet ?

— J'y ai songé, mais pour me dire que je ne pouvais m'en occuper...

— Pourquoi ?

— Parce que n'entendant absolument rien à ce qui concerne la médecine, la chirurgie, la chimie et autres sciences de même nature, je ne connais ni les auteurs, ni les ouvrages spéciaux... — Je t'ai laissé le soin de veiller à ce détail.

— Tu as d'autant mieux fait qu'un de mes collègues de la Faculté de Paris m'a donné l'adresse d'un homme qui se chargera de me fournir tous les ouvrages nécessaires, dans des conditions de véri-

14.

table bon marché... — c'est un spécialiste en ce genre. — Il faut d'autant moins négliger cette économie, assez importante d'ailleurs, que les livres de médecine, chez un médecin, ne doivent point avoir le brillant du neuf... Ce serait d'un effet déplorable... Le propriétaire de ces livres aurait l'air de ne les consulter jamais !... — Je vais voir ce libraire et m'entendre avec lui... — Quand pourra-t-on mettre en place les collections que j'achèterai ?

— Quand bon te semblera. — Les corps de bibliothèque seront livrés aujourd'hui.

— A merveille ! C'est affaire à toi !... — A propos, toi qui connais bien Paris, dis-moi donc où se trouve la rue Guénégaud ?...

— Presque en face l'extrémité du Pont-Neuf, du côté de la rue Dauphine... — Elle longe l'hôtel de la Monnaie. — Qui diable peux-tu connaître rue Guénégaud ?

— Personne jusqu'à présent... — C'est là que demeure mon marchand de livres... — Je lui rendrai visite tantôt...

XLIV

Au numéro 9 de la rue Guénégaud, au troisième étage de l'une des vieilles maisons noires et chassieuses qui s'élèvent encore si nombreuses dans ce quartier respecté jusqu'à ce jour par la pioche des démolisseurs, logeait le sieur Antoine Fauvel, bouquiniste, marchand de livres d'occasion, et en même temps bibliophile éclairé.

C'était un spécialiste assez connu à Paris, quoique d'habitude il fût plutôt en rapports d'affaires avec les étrangers qu'avec les Parisiens amateurs de livres.

On savait qu'il était facile de se former chez lui une bibliothèque des plus variées, non qu'il eût des magasins très vastes et très fournis, mais parce qu'il se trouvait en relations suivies avec tous ses confrères de haut et de bas étage, ce qui lui permettait de mettre la main sans retard sur les ouvrages demandés, quels qu'ils fussent et quel que fût leur prix.

Antoine Fauvel était un homme de cinquante-cinq ans environ, grand et maigre, le crâne à peu près chauve, la physionomie mobile, les yeux petits, vifs et bruns, le regard perçant.

L'appartement qu'il occupait rue Guénégaud, au troisième étage, se composait de sept pièces dont quatre lui servaient de magasins.

La plus grande, dont il avait fait son cabinet de travail, offrait sur toutes ses faces des rayons disposés du plancher au plafond et supportant des volumes rangés dans un ordre parfait, avec un classement méthodique.

Sur les tables il y en avait encore, et également sur le plancher, formant de lourds paquets, ficelés solidement et empilés dans tous les coins.

Le jour, une seule fenêtre aux vitres encrassées répandait une lumière terne et pour ainsi dire crépusculaire dans la vaste pièce où se respiraient à plein nez les odeurs spéciales du vieux papier, du vieux cuir et de la vieille encre d'imprimerie.

Quand il faisait nuit, une suspension munie de son abat-jour concentrait la lumière sur la table de bois peinte en noir, recouverte d'un tapis de serge verte, servant de bureau au bouquiniste, bureau chargé de papiers, de livres et de catalogues de ventes publiques.

Un antique fauteuil et quatre chaises cannées complétaient l'ameublement.

Cette pièce communiquait avec une autre moins grande servant d'atelier et pourvue de tous les ustensiles propres aux relieurs.

On y voyait presses, découpoirs, moutons à gaufrer, outils de toute espèce et livres préparés pour la reliure.

Au moment où nous franchissons le seuil de la demeure sombre et triste d'Antoine Fauvel, celui-ci était assis dans son cabinet de travail, devant la table recouverte d'un tapis de serge, et il se penchait sur un vieux livre dont il feuilletait les pages, s'arrêtant de temps à autre pour examiner certains endroits avec une loupe grossissante.

En face de lui, de l'autre côté de la table, se tenait debout un homme de trente ans environ, pâle et pauvrement vêtu, portant un grand tablier de toile verte, à bavette.

Le bouquiniste releva la tête.

— C'est bien, — dit-il en refermant le livre et en posant la loupe sur le bureau, — je défierais l'expert le plus habile de constater que l'empreinte des timbres de la Bibliothèque a été enlevée de ces pages... — Vous êtes un ouvrier très habile, Gendrin... je vous en tiendrai compte...

— Je suis père de famille, monsieur Fauvel... — répondit l'homme. — Pas pour deux sous de chance!... Deux mioches... Une femme toujours malade, bonne à rien par conséquent... j'ai besoin de gagner ma vie et la leur... ça n'est pas toujours facile...

Le bouquiniste fixa sur son interlocuteur ces yeux vifs et perçants dont nous avons parlé, et répliqua :

— Pas toujours facile... non... surtout quand on sort de prison, hein, Gendrin, et que bien des gens refusent de vous employer?... Heureusement pour vous je ne suis pas aussi méticuleux, moi. — Vous m'intéressez... Je veux vous tirer de la misère... — Je vous donnerai dix francs par jour d'appointements fixes, et une gratification de dix francs pour chaque volume débarrassé par vous de marques compromettantes... — Serez-vous content de cela, Gendrin?

L'ouvrier, dont un rayon de joie éclaira le visage, s'écria :

— Si je serai content?... — Mais, monsieur, ce que vous m'offrez est la fortune pour moi !! — Je ne sais comment vous remercier...

— C'est bien... c'est bien... — interrompit Antoine Fauvel. — Vous valez ça, mon garçon, sans ça, je ne vous le donnerais pas! — Maintenant, je dois vous répéter ce que je vous ai déjà dit... — Vous êtes devenu mon complice, par conséquent vous avez le même intérêt que moi à la discrétion la plus absolue.

— Vous comprenez ce que parler veut dire?...

— Certes, monsieur !...

— Donc, bouche close... Aux appointements convenus, je joindrai à la fin de l'année une large gratification si les bénéfices ont été rondelets... — Avez-vous besoin d'argent aujourd'hui ?...

— Grand besoin, oui, monsieur...

— Combien vous faudrait-il ?

— Une centaine de francs.

— Je vais vous les donner.

Et Antoine Fauvel tira de son porte-monnaie cinq pièces d'or qu'il tendit à l'ouvrier.

Celui-ci les prit, remercia, et tout en les faisant disparaître au plus profond de sa poche, demanda :

— Y aura-t-il du lavage à faire aujourd'hui ?...

— Oui... — répondit le bouquiniste.

Il quitta sa place, alla prendre deux volumes cachés sur un casier, derrière une pile de livres, les rapporta et poursuivit :

— Voici ce que c'est : — ces deux ouvrages proviennent de la Bibliothèque nationale... — La couverture porte les fleurs de lis et sur plusieurs pages se trouvent les cachets de la Bibliothèque... — Il faut faire disparaître tout cela... — Ce sont des volumes rarissimes... La *Vie du père Joseph* et le *Testament rouge, Mémoires du sieur de Laffémas*... — Cela pourra se vendre un bon prix... sur ce prix vous toucherez quelque chose, je vous le promets... — Rendez-vous compte de la besogne.

Fauvel présenta les deux volumes à Gendrin qui les examina très longuement.

— Il est matériellement impossible de faire disparaître les traces des fleurs de lys... — dit-il ensuite ; — l'or enlevé, l'empreinte en creux resterait ineffaçable... il me faudra changer la couverture... — J'emploierai une de celles que j'ai en réserve... Quant aux timbres et aux cachets, vous savez que je réussis complètement.

— Faites donc... et surtout que le travail soit absolument invisible...

— Il le sera, monsieur.

Gendrin feuilletait les volumes.

Tout à coup il s'arrêta sur une page.

— Avez-vous remarqué cela, monsieur Fauvel ? — demanda-t-il.

— Quoi donc ?

— Des traits d'encre rouge, à la plume, soulignant certaines lettres et certains mots.

— Ma foi, non...

— Eh bien ! regardez...

Et il passa au bouquiniste le volume tout ouvert du *Testament-Rouge*.

— Tiens ! tiens ! tiens ! — dit Fauvel après avoir examiné à son tour. — C'est très singulier... — et,

— ajouta-t-il, — c'est dangereux, — on pourrait reconnaître le volume rien qu'à ces marques... — Je le garde. — nous verrons plus tard le parti à prendre. — Faites d'abord le nécessaire pour l'autre.

— Bien, monsieur... — Je vais déjeuner et je me mettrai au travail tout de suite après.

— Descendez toujours par l'escalier de service, dont vous avez la clef...

— C'est ce que je ne manquerai pas de faire...

— Ah! le volume de *Lélia*... la première édition... si rare qu'elle est introuvable, est-il fini?

— Ce matin je l'ai mis sous la presse à satiner...

— On doit le prendre ce soir...

— Il sera prêt... Je vous l'apporterai...

— Alors, à tantôt.

Gendrin se retira et Antoine Fauvel jeta de nouveau les yeux sur la page des *Mémoires du sieur de Laffémas*, marquée de traits à l'encre rouge.

— Qu'est-ce que ça peut vouloir dire? — se demanda-t-il. — Tout le long de la page vingt il y a des mots et des lettres soulignés...

Il tourna un feuillet et continua :

— La page vingt et une l'est aussi, et également la suivante, jusqu'à la page vingt-trois... — C'est une énigme... je renonce à en chercher le mot... quant à présent du moins...

A cette minute précise, un violent coup de sonnette retentit à la porte de l'appartement.

Antoine Fauvel se hâta de serrer le volume plus que suspect dans un tiroir de sa table et alla ouvrir.

Le bouquiniste, soit par économie, soit par défiance, n'avait pas de domestique.

Chaque matin la concierge de la maison venait faire son ménage.

En outre, deux fois par jour, elle lui montait ses repas, fournis par un petit restaurant voisin.

Défense absolue lui était faite d'entrer dans d'autres pièces que la chambre à coucher et la salle à manger.

— Nous devons ajouter qu'elle se conformait religieusement à cette défense.

La personne qui venait de sonner était une femme de quarante ans passés, conservant des traces d'une beauté incontestable, et vêtue avec une recherche de mauvais goût.

Elle tendit au bouquiniste sa main qu'il prit et qu'il serra d'un air assez indifférent, puis il fit entrer la visiteuse et referma la porte derrière elle.

— Je ne t'attendais pas aujourd'hui... — lui dit-il.

— Si je suis venue, c'est que j'ai des nouvelles à t'apprendre...

— Bonnes ou mauvaises?

— Mauvaises.

— De mauvaises nouvelles ! — répéta Fauvel avec une surprise manifeste... — A quel propos ?

— Je t'expliquerai cela tout à l'heure... — Es-tu seul ?

— Oui... — Entre dans mon cabinet...

Il poussa la porte de la pièce voisine, fit passer devant lui la visiteuse et reprit :

— Voyons, ma chère sœur, assieds-toi, et donne-moi le mot du rébus qui m'intrigue beaucoup...

— Le comte de Thonnerieux est mort...

— Ah ! — dit simplement le libraire.

— Oui. — Depuis quinze jours environ, et je ne l'ai appris que ce matin, en lisant un article de journal qui annonce l'arrestation de Jérôme Villard, son valet de chambre et son homme de confiance...

— Eh bien ! mais, je ne vois pas du tout où est la mauvaise nouvelle dans ce que tu m'annonces... — Qu'est-ce que ça peut te faire, je te le demande un peu, qu'on ait arrêté Jérôme Villard ? — Le comte de Thonnerieux est mort. — Où est le mal ? — Si la légende est fondée, tu as tout à gagner et rien à perdre à cette mort, puisque ton fils doit hériter d'une grosse somme... — Or, ton fils est mineur, donc tu toucheras à sa place et tu administreras pour lui... — N'est-ce pas là ce que tu désirais ?...

— Sans doute, mais c'est justement là que commence le désastre... — Mon fils n'hérite pas...

— Qu'est-ce que tu me chantes ?

— Hélas ! la vérité !

— Le comte n'avait-il donc point constitué par testament une fortune à chacun des enfants venus au monde dans son arrondissement le jour de la naissance de sa fille ?

— Tout le monde sait cela... — Le comte en parlait volontiers, et voilà justement pourquoi on a mis en prison Jérôme Villard, accusé d'avoir fait disparaître le testament et subtilisé les valeurs, avec cette circonstance aggravante qu'il était gardien des scellés...

— Au diable ! — s'écria Fauvel. — Un testament supprimé !... Des valeurs enlevées !... Voilà qui est sérieux en effet.

— Tu comprends le désastre, à cette heure ?

— Que trop ! — Si le testament n'est point retrouvé, feu M. de Thonnerieux étant absolument sans famille, la succession tombe en deshérence et l'Etat empoche tout.

— Oui, le gueux, à notre détriment et au mépris des volontés exprimées vingt fois tout haut par le comte...

— Voyons, — dit Antoine Fauvel, — rendons-nous bien compte de la situation. — On suppose que le testament a été volé ?...

— On fait mieux que le supposer, on en a la certitude...

— Avec des valeurs ?

— Avec des valeurs de toute nature, et de l'argent, et des billets de banque pour une très grosse somme, qui devaient se trouver dans un meuble et qui ne s'y trouvent pas...

Le bouquiniste, après un instant de réflexion, reprit :

— Assurément c'est grave, mais tout n'est peut-être pas absolument désespéré... — Le testament a disparu, je l'accorde... — Rien ne prouve qu'il soit détruit... Des valeurs ne s'évaporent point sans laisser de traces... — Jérôme Villard est arrêté.. — Si c'est lui qui est coupable il parlera... — Se voyant perdu il achètera l'indulgence des juges en restituant le testament. — Si ce n'est pas lui, le vrai criminel se fera pincer quelque jour en essayant de négocier les valeurs dont les numéros doivent se trouver quelque part... — D'une façon comme de l'autre, on finira par arriver à la découverte de la vérité... — C'est une affaire de temps. — Si le comte n'était pas mort, ton fils ne devrait toucher l'argent qu'au jour de sa majorité... — Suppose que le comte vit toujours, et attends avec patience que l'action de la justice donne des résultats...

— Et si elle n'en donne pas ?... — Si on ne trouve rien ?...

— Dame !... dans ce cas, adieu tes rêves... — il faut être philosophe, ma fille...

— Tu en parles bien à ton aise, toi qui es riche, et qui, malgré ta fortune, n'éprouves ni besoins, ni désirs... — Ah! quoique nés du même père et de la même mère, nous ne nous ressemblons guère ! — On ne croirait jamais que nous avons le même sang dans les veines.

— Et c'est tant pis pour toi !... — répliqua Fauvel en souriant. — Moi, je travaille pour assurer l'aisance à ma vieillesse, je me fatigue afin de pouvoir me reposer un jour... — A tes yeux, au contraire, l'avenir ne compte pas... tu l'as toujours sacrifié aux jouissances de l'heure présente... — Tu serais prête à le sacrifier encore...

XLV

— Eh ! — s'écria la sœur d'Antoine Fauvel, — si je suis gonflée d'aspirations, brûlée de désirs, est-ce ma faute?

— Ce n'est certes pas la mienne ! — répliqua le bouquiniste.

— Pourquoi m'a-t-on mariée à un homme qui m'a donné des habitudes de dépense, des goûts de luxe que je ne puis plus perdre...

— De quoi diable vas-tu te plaindre là? — Ton mariage dépassait toutes tes espérances, même les plus folles ! — Le brave garçon, qui t'avait épousée par amour et qui subissait docilement tous tes caprices, t'a laissé en mourant une fort jolie fortune...

— Pour vivre heureuse il te suffisait de la conserver; mais tu as la manie de paraître, de briller, de satisfaire tes fantaisies, de ne te refuser rien, sans jamais calculer, et tu as terriblement écorné ton capital...

La visiteuse soupira.

— C'est à peine si j'ai quarante-deux ans et mon miroir m'affirme que je suis très présentable encore, et même très agréable... — dit-elle ensuite.

— Trouve quelqu'un qui partagera cette opinion, et remarie-toi.

— Prendre un maître ! J'en ai eu un. C'est assez... Mon indépendance avant tout !

— Il dépendait de toi de la conserver, cette indépendance, et bien complète, puisque tu étais veuve et dans l'aisance... — Ah ! si seulement tu avais écouté mes conseils !... Ton fils était un enfant charmant, d'une intelligence rare... il fallait le lancer dans l'industrie, où il aurait acquis lui-même en quelques années l'indépendance par la fortune, mais tu songeais à l'héritage du comte de Thonnerieux, cet héritage t'*hypnotisait*, pour me servir d'un mot à la mode. En voulant en rester seule maîtresse, quand arriverait son échéance, tu as fait un calcul odieux... tu t'es dit : — Je suis tutrice de mon fils. — Si le comte meurt avant que ce fils soit majeur, j'aurai, comme tutrice, l'administration de l'héritage et je m'arrangerai pour en disposer à ma guise... — Si le comte, au contraire, ne meurt pas, et si mon fils n'hérite qu'à sa majorité, je trouverai moyen d'en disposer quand même !... » — Et ce moyen tu l'as trouvé en effet ! il était abominable, mais que t'importait cela ? — Tu as persuadé à mon neveu René que sa vocation l'attirait vers l'état ecclésiastique, tu l'as confiné dans un séminaire où il s'étiole, mais d'où il ne peut contrôler ta façon de vivre, et il n'en sortira que pour être ordonné prêtre, et s'en aller comme missionnaire dans un pays lointain d'où il ne reviendra jamais, car le pauvre enfant subit toutes tes volontés, et après l'avoir fait vivre en martyr, tu l'enverras mourir en martyr. — Tu sais si bien cela que tu as fait préparer un acte qu'il signera et par lequel il te donnera la pleine et entière propriété de tous les biens qui peuvent lui arriver un jour par voie d'héritage... — Tu as combiné cela, ma sœur, comptant sur le testament du comte de Thonnerieux. — Tu as bâti ta maison sur du sable... Le sable se déplace... La maison croule... — A qui la faute ??

— Je suis venue ici te demander un conseil, — répliqua la sœur d'Antoine Fauvel d'un ton piqué, — je ne m'attendais guère à recevoir de toi des injures !
— Le procédé, mon frère, est du dernier galant !
— La vérité, ma chère, n'est point une injure ! — répliqua le bouquiniste, — Tu connais mes faiblesses comme je connais les tiennes, par conséquent nous avons l'un et l'autre le droit de nous

15.

parler en toute franchise... — Le conseil que tu voulais recevoir de moi, je te l'ai déjà donné, et je le répète ; le voici : — *Attends avec patience que le dernier mot soit dit sur le testament du comte de Thonnerieux, et en attendant tâche de faire des économies, afin que, si ton rêve s'envole, il te reste au moins pour tes vieux jours un morceau de pain...* » Si ton fils hérite, tant mieux pour toi. — S'il n'hérite pas, tant pis ! — tu as voulu qu'il soit prêtre il sera prêtre et par conséquent ne pourra t'aider en rien, mais tu auras la consolation de savoir qu'il ne t'oublie point dans ses prières...

La visiteuse garda le silence pendant un instant puis, sans lever les yeux sur son frère demanda :

— Admettons que le testament se retrouve et que mon fils ait une part dans le partage de la fortune du comte...

Elle s'interrompit.

— Eh bien ? — fit le bouquiniste.

— Eh bien ! toi qui connais la loi, tu peux me dire si j'hériterais, moi, de cette part, en cas de mort de René.

Antoine Fauvel regarda sa sœur avec étonnement.

— René est-il donc malade ? — s'écria-t-il, — assez malade pour que tu présages sa mort !

— Je l'ai vu il y a trois jours... — Assurément il n'est point malade au point de s'aliter, mais il est d'une pâleur et d'une faiblesse extrême, indices d'un dépérissement progressif... — Je le crois atteint de cette maladie à la mode que l'on nomme l'anémie...

— Résultat d'une existence claustrale, d'une vie de travail exagéré, sans distractions, sans plaisirs !! — Et puis, rien ne me prouve que René croie réellement à sa vocation... — il se soumet, ou plutôt il se résigne, mais la violence imposée à ses goûts, à ses instincts, le fait mourir à petit feu !...

— Ceci ne répond point à la question que je t'ai posée...

— Si tu veux avoir la jouissance de la fortune dont ton fils peut hériter il faut le soigner et le guérir, car la loi est précise. Ouvre tes oreilles je cite les textes :

« A l'ouverture du testament, si une ou plusieurs des personnes à qui le donataire aura légué une partie de sa fortune sont mortes, la part où les parts en litige par la mort des légataires, restent acquises aux héritiers directs.

« Si le donataire n'a point d'héritiers directs, la part où les parts reviennent à l'État, à moins de dispositions particulières du testament. »

» Tu m'a compris ?

— Oui. — Dans le cas ou René mourrait, sa part

reviendrait à l'État, si le testament est retrouvé et si la succession est ouverte.

— C'est cela même... Or, — ajouta Fauvel d'un ton ironique, — tu es trop bonne mère pour ne pas faire soigner ton fils le plus promptement possible afin qu'il puisse attendre le moment où la succession sera ouverte... si elle doit l'être jamais.

Madame Labarre, la sœur du bouquiniste de la rue Guénégaud, ne répondit pas.

Elle se leva en pinçant les lèvres.

— Et j'ajoute, — poursuivit Fauvel, — que si le testament a véritablement existé, la justice trouvera moyen d'en avoir la preuve et, s'il existe encore, le fera reparaître au grand jour, quelque bien caché qu'il soit aujourd'hui.

— Ah! ah! la justice! — répliqua madame Labarre en haussant les épaules avec un ricanement.
— Elle est souvent aveugle, la justice!... Elle ne voit pas ce qui devrait lui crever les yeux! Tu en sais quelque chose, toi, mon frère...

Le bouquiniste tressaillit :

— Moi?... — répéta-t-il.

— Oui, toi.

— Je n'ai rien à craindre.

— Parce que tu es un homme adroit sachant prendre ses précautions...

— Je pense à l'avenir. — Je fais ce que tu aurais

dû faire... — Quand tu auras besoin d'un autre conseil, viens me trouver... — Je serai toujours à ta disposition... Et souviens-toi que si tes affaires tournent mal, tu auras toujours en moi un frère...

— Pour me régenter et me morigéner, n'est-ce pas ? Mais voilà tout...

— C'est quelque chose...

— Grand merci !

Madame Labarre se retira fort mécontente, le laissant voir, et referma violemment la porte derrière elle.

— Sotte et absurde créature avec ses combinaisons et ses calculs ! — murmura Fauvel resté seul, en haussant les épaules. — Cerveau vide et fêlé, nature vaniteuse!! — Elle se voit toujours jeune et croit de bonne foi qu'elle sera toujours belle... — Quand je pense à elle, je ne sais qui l'emporte chez moi de la pitié ou du dédain...

Après un instant d'interruption, le bouquiniste poursuivit :

— Ainsi donc on a volé le testament du comte de Thonnerieux... — Quel motif faisait agir le voleur ? je ne le vois pas bien... — Il est vrai que la forte somme disparue en même temps était un appât... — Le testament se trouvait avec les valeurs, on a tout pris à la fois, mais qui ? Jérôme Villard habitait l'hôtel, il avait la garde des scellés... Ce doit être lui... —

Que risque-t-il, après tout? — Cinq ans de réclusion, mais au bout de cinq ans il se retrouvera libre et il sera riche... — C'est gagner vite le gros lot, cela!! — Tous les jours je m'expose autant, pour un profit beaucoup plus mince!...

Antoine Fauvel en était là de son monologue quand un léger bruit se fit entendre dans l'atelier de relieur.

Il se hâta d'y pénétrer.

L'ouvrier Gendrin venait de rentrer et se remettait au travail.

— Vous avez déjeuné vite et vous n'avez point flâné en route, — lui dit le bouquiniste, — c'est bien... je vous sais gré de votre zèle... — Abattez beaucoup de besogne, mon brave.

— Je ferai de mon mieux, patron...

Fauvel rentra dans son cabinet et regarda sa montre.

Elle indiquait onze heures et demie.

— Avant de déjeuner, — pensa-t-il, — j'ai le temps d'écrire deux lettres pressées...

Il allait s'installer devant son bureau quand un nouveau coup de sonnette retentit.

Pensant avoir affaire à quelqu'un de ses clients habituels il se dirigea vers la porte extérieure et l'ouvrit.

Un homme se trouvait sur le seuil.

Ce n'était point l'un de ceux qu'attendait le marchand de livres, car il barra le passage au lieu de laisser entrer le visiteur.

— Monsieur Fauvel?... — dit celui-ci en saluant.

— C'est moi, monsieur... — Vous désirez me parler?...

— Oui, monsieur.

— De quelle part?

— Je vous suis adressé par le docteur Richaud...

— Un de mes bons clients... — fit le bouquiniste en cessant de masquer la porte. — Donnez-vous la peine d'entrer, monsieur...

L'inconnu traversa l'étroite antichambre et passa dans le cabinet de travail autour duquel il jeta un rapide coup d'œil.

Fauvel, après lui avoir avancé un siège, demanda :

— A quel motif dois-je, monsieur, l'honneur de votre visite? en d'autres termes, dans quel but le docteur Richaud, l'un des princes de la science moderne, a-t-il bien voulu me recommander à vous?

L'étranger s'assit en face du bureau de Fauvel et répondit :

— Je suis un médecin américain... — Je me nomme le docteur Thompson... — Je viens me fixer à Paris pour y exercer ma profession et, n'ayant rien apporté de l'étranger, j'ai besoin de me créer ici, de toutes pièces, une bibliothèque scientifique...

Le bouquiniste s'inclina.

Il flairait une affaire sérieuse.

Le pseudo-Thompson poursuivit :

— Ayant eu l'occasion de parler de cette nécessité professionnelle au docteur Richaud, mon très distingué collègue, il me donna votre adresse en m'affirmant qu'il vous tenait en haute estime et que vous seriez à même de me procurer sans retard, à *des prix raisonnables*, — (Jacques Lagarde appuya sur ces derniers mots, qu'il souligna en quelque sorte par l'intonation), — les ouvrages de médecine, de chirurgie, de physique et de chimie, dont la réunion très complète doit former ma bibliothèque...

Fauvel s'inclina de nouveau.

— Je remercierai comme je le dois le docteur Richaud de son bienveillant souvenir, — dit-il ensuite, — et j'espère vous prouver, monsieur le docteur, que la confiance qu'il veut bien me témoigner n'est pas mal placée. — Je puis en effet vous procurer aussi vite que vous le désirez les ouvrages dont vous me donnerez la nomenclature....

— Et à des condition avantageuses ?

— Je suis toujours raisonnable avec mes clients... c'est le meilleur moyen de les engager à me revenir.

— A part quelques ouvrages précieux, je vous laisserai le choix des autres... Les bons auteurs vous sont connus aussi bien qu'à moi.

— Voulez-vous des livres rares?

— Je veux une bibliothèque qui puisse me faire honneur.

— Vous êtes-vous fixé un chiffre pour l'ensemble?

— J'ai l'intention d'aller jusqu'à huit ou dix mille francs...

— C'est un peu maigre, — fit le bouquiniste avec une moue significative. — Les livres de science sont publiés chez des éditeurs sérieux, illustrés de planches soignées, et coûtent généralement fort cher. — Enfin, on pourra s'entendre... — Le docteur Richaud a dû vous dire que je traitais toutes mes affaires au comptant...

— Moi de même, ainsi nous sommes déjà d'accord sur ce point...

— Avez-vous apporté votre nomenclature des ouvrages spéciaux?

— Non, mais je puis vous la dicter de mémoire, à peu près complète...

Fauvel prit une feuille de papier blanc, trempa une plume dans l'encre et se prépara à écrire.

Le docteur Thompson, après avoir réfléchi pendant quelques secondes, dicta une assez longue liste d'ouvrages dont les titres seuls distilleraient pour pour nos lecteurs le plus mortel ennui.

Quand il eut terminé cette énumération, il ajouta :

— Vous voudrez bien joindre à cette liste une collection complète de la *Gazette des Hôpitaux*, et tous les livres, sans exception si faire se peut, qui ont été écrits au sujet de l'anémie...

Antoine Fauvel dressa l'oreille.

— L'anémie... — répéta-t-il. — La maladie à la mode... — Un médecin dont la spécialité serait de la traiter et de la guérir obtiendrait un succès de vogue...

— J'en accepte l'augure... — répondit Jacques Lagarde en riant.

— Monsieur le docteur Thompson viendrait-il exploiter à Paris cette spécialité? — demanda le bouquiniste.

— Précisément.

— Mes félicitations, docteur! — Ni l'argent, ni la célébrité ne vous feront défaut!! — Votre clientèle sera légion... — Moi-même je me propose de vous adresser un client auquel je porte le plus vif intérêt...

— En vérité!...

— Oui... Un jeune homme... mon neveu... le fils de ma sœur... il est au grand séminaire et le travail l'épuise...

— Envoyé par vous, il aura droit de ma part à un intérêt tout particulier. Je ferai l'impossible pour le remettre rapidement sur pied.

— D'avance je vous en remercie... — Vous n'avez rien de plus à me dicter.

— Ma mémoire en ce moment ne me rappelle rien...

— Permettez-moi de prendre des notes et je pourrai vous dire, à quelques centaines de francs près, quel prix votre bibliothèque vous coûtera et de combien de volumes elle se composera...

— Faites.

XLVII

Antoine Fauvel se mit à griffonner des chiffres, en consultant quelques-uns des catalogues placés sous sa main.

Tandis qu'il se livrait à ce travail, Jacques Lagarde laissait ses regards errer distraitement sur le bureau.

Soudain sa physionomie, indifférente jusqu'à ce moment, se modifiant d'une façon brusque exprima la stupeur.

Ses yeux devinrent fixes.

C'est qu'ils venaient de rencontrer un vieux volume, habillé d'une reliure évidemment ancienne, et sur le dos de cette reliure il lisait, en lettres d'un or terni, ce titre :

MÉMOIRES DU COMTE DE ROCHEFORT

— Tiens! tiens! tiens!... — se dit à part lui Jacques Lagarde, — le titre de l'un des ouvrages précieux volés à la Bibliothèque nationale. — Est-ce que le hasard m'aurait amené chez le voleur ou chez le receleur? — Le *Testament Rouge* serait-il ici?.. — Cela pourrait s'appeler une chance miraculeuse... — C'est bien invraisemblable; mais, en somme, tout est possible... — Il faudra voir...

En formulant *in petto* les réflexions qui précèdent, le pseudo-Thompson avait pris le volume.

Il l'ouvrit et le feuilleta.

— Aucune marque... — se dit-il. — Pas la moindre trace d'acide sur ces pages... — Or, les volumes appartenant aux Bibliothèques nationales portent de distance en distance le cachet de l'Etat...

Fauvel, absorbé dans sa besogne, ne s'occupait point de son visiteur.

Celui-ci continuait à feuilleter le livre, avec le vague espoir d'y trouver d'un instant à l'autre quelque indice.

Il était chimiste, nous l'avons dit, et chimiste de premier ordre.

Non sans raison il pensait que si un lavage avait été pratiqué à l'aide d'un acide sur les cachets révélateurs, il s'en apercevrait, quelle que fût l'adresse avec laquelle le mordant aurait été employé.

Soudain il s'arrêta à une page dont un des angles présentait un ton mat qui, si faible que fût son contraste avec l'ensemble de la page entière, attira néanmoins son attention.

Il examina le grain du papier qui lui parut moins saillant qu'aux autres parties de la feuille. — Ce papier, légèrement froissé entre ses doigts, devint cotonneux à la place suspecte, tandis que partout ailleurs il demeurait doux et lisse.

— Le lavage me paraît certain... — murmura-t-il avec un sentiment de joie triomphante. — Ceci est du papier de fil, fortement collé comme tous les papiers anciens. — S'il n'a point subi d'altération, il ne doit pas *boire*. S'il boit, le lavage sera prouvé...

Il approcha le livre de ses lèvres et posa le bout de sa langue sur la feuille, à la place cotonneuse.

Le papier buvait.

Jacques Lagarde eut un éclair dans les yeux, tandis qu'il pensait :

— Le doute devient impossible..., — On a lavé le papier pour enlever le cachet. — Ce volume vient de la Bibliothèque nationale. — Il fait partie des trois ouvrages dérobés en même temps. — Je suis chez l'homme qui vole ou qui achète leur butin aux voleurs... — LE TESTAMENT ROUGE est entre ses mains !...

Le visage brillant de joie, il replaça le livre sur le bureau, du même mouvement machinal en apparence dont il l'avait pris, puis il se leva et, se dirigeant vers les rayons, fit semblant d'examiner les volumes dont ils étaient chargés, du plancher au plafond.

Antoine Fauvel terminait en ce moment son travail.

— Monsieur, le docteur, — dit-il, — j'ai fini...

— Et vous êtes fixé sur le prix que me coûtera la bibliothèque ?

— Oui... — Ce sera un peu plus cher que vous ne le pensiez...

— Enfin, combien ?

— La bibliothèque se composera de deux mille volumes environ, et renfermera plusieurs ouvrages très rares, dont par conséquent la valeur est élevée, mais qui vous feront le plus grand honneur... — Cela vous coûtera, en chiffres ronds, 11,000 francs.. — je mettrais au défi n'importe lequel de mes confrères de fournir le même ensemble sans vous le faire payer 2,000 francs de plus, tout au moins... — Le docteur Richaud, j'en suis certain, vous dira que c'est bon marché...

— 11,000 francs, soit... Et quand aurai-je ces volumes ?... aujourd'hui ?...

— Oh ! pas avant demain, monsieur le docteur, et dans la soirée encore.

— Très bien... va pour demain soir...

Jacques Lagarde ajouta, en désignant de la main les rayons chargés de livres, dont la pièce était entourée :

— Savez-vous, mon cher monsieur Fauvel, que vous devez faire fortune avec une si complète collection de semblables ouvrages... — J'ai jeté tout à l'heure un coup d'œil sur vos richesses. Vous avez là des éditions bien remarquables et qui représentent beaucoup d'argent.

— En effet, monsieur, — répondit le bouquiniste. — J'ai bon nombre de pièces rares qui m'ont coûté fort cher. — Malheureusement les amateurs riches et éclairés ne sont pas très nombreux, ce qui rend la vente difficile. — Je ne me plains point, cependant. — Les bibliophiles étrangers connaissent le chemin de mon troisième étage, et quand ils sont de passage à Paris viennent me visiter. — Je possède des choses très curieuses...

— C'est ce que j'ai vu, car moi aussi je me connais en livres. — Vous avez dû vous donner beaucoup de mal pour réunir des trésors si variés ?

— Oh! beaucoup... — J'ai fait de très fréquents et de très longs voyages. — Ainsi, vous êtes amateur ?

— Infiniment, et nous pourrons, je crois, conclure ensemble quelques affaires.

— J'en serais très flatté... — J'aime que mes livres aillent en bonnes mains...

— Sans doute vous suivez les ventes?...

— Je n'en manque pas une... On ne voit que moi à la salle de la rue des Bons-Enfants, et rue Drouot à l'hôtel des commissaires priseurs... — et tenez, tout dernièrement, j'ai acheté un volume qui vaut littéralement son pesant d'or...

— Qu'est-ce c'est que ce volume?...

— Les *Mémoires du comte de Rochefort*... Il n'en existe pas deux exemplaires en Europe..

— Diable! c'est une trouvaille!! — Celui qui vendait le livre en connaissait-il la valeur?

— Pas le moins du monde... Ça m'a été adjugé dans un lot, à l'Hôtel des Ventes...

— Je vous en félicite...

— En ce moment je travaille à mener à bien une opération magnifique... On m'a écrit de province... — Il s'agit d'une bibliothèque composée de quatre mille volumes dont on me donne la nomenclature... — Les sept huitièmes sont des non valeurs, mais parmi les autres il y a deux ouvrages inestimables...

— Bah!

— Deux diamants à faire frissonner de joie l'âme d'un bibliophile, *La vie du père Joseph, écrite par lui-même* et le *Testament rouge, Mémoires du sieur de Laffémas*... — Le sieur de Laffémas était, vous le savez, monsieur le docteur, l'âme damnée du cardinal de Richelieu... — Vous comprenez quelle importance j'attache à la possession de ces deux volumes...

— Le vieux scélérat les a dans les mains, — pensa Jacques, — il invente une histoire pour empêcher les soupçons de naître. — En ce moment on démarque les deux bouquins volés. — *Le Testament rouge* est à moi!...

Le pseudo-Thompson poursuivit, mais à haute voix :

— Des chances si exceptionnellement heureuses n'arrivent qu'à des connaisseurs tels que vous!... — Quand vous serez propriétaire des livres qu'avec raison vous appelez des diamants, c'est moi qui vous les achèterai sans doute...

— J'ai le regret de vous apprendre, monsieur le docteur, qu'ils sont vendus d'avance... ou à peu près...

— A qui donc?

— A un Anglais.

— C'est bien fâcheux! — Peut-être vous les aurais-je payé plus cher que cet Anglais...

— Vous désiriez donc très vivement en devenir acquéreur?...

— Oui, je l'avoue...

— Eh bien! pour être agréable à un nouveau client tel que vous, peut-être pourrai-je faire naître un incident et rompre les pourparlers, si avancés qu'ils soient... — Cela dépendra du prix que vous y voudrez mettre...

— Quel doit être ce prix?

— Je vous le dirai dans quelques jours, quand je serai fixé moi-même à ce sujet.

— Soit! Mais n'allez pas me manquer de parole, et favoriser à mon détriment votre Anglais...

— Soyez sans aucune inquiétude à ce sujet.

— N'oubliez pas que demain j'attends mes achats... — Vous m'enverrez en même temps la facture acquittée...

— J'aurai l'honneur de vous la porter moi-même.

Jacques Lagarde allait sortir quand on gratta à la porte de l'antichambre.

Fauvel ouvrit.

Une femme parut, portant sur un plateau une écuelle, deux assiettes couvertes, un morceau de pain et un carafon de vin. — C'était la concierge de la maison.

— Monsieur, — dit-elle, c'est votre déjeuner.

— Bien, Marianne... — Mettez cela dans la salle à manger.

La concierge disparut.

— Comment, — s'écria Jacques, — vous n'avez pas encore déjeuné!

— J'ai l'habitude de ne rien prendre avant midi.

— Et vous mangez seul?

— Toujours seul... — Je suis garçon... Ma portière fait mon ménage, sans mettre les pieds bien entendu dans les chambres aux livres, et elle me monte mes repas. — Le reste du temps je n'entends plus parler d'elle...

— Cette solitude continuelle ne vous semble pas monotone?

— Mes livres me tiennent compagnie... Le travail, voilà ma distraction.

— Prenez garde! — Le travail continuel use la vie!... — Vous pourriez bien me faire appeler un de ces jours, et je viendrais vous voir non pas en client, mais en médecin.

— Bah! je suis solide!... — Ce n'est pas moi qui me ruinerai jamais en médicaments.

— Je vous le souhaite... — A demain.

— A demain, monsieur le docteur...

Tout en descendant l'escalier, Jacques pensait:

— Seul... Pas de domestique. — La concierge monte deux fois par jour et ne fait que passer... C'est bien.

Fauvel, lui, se mettait à table en se frottant les mains.

— Sur la facture à fournir je gagne une jolie somme! — se disait-il. — Riche affaire! Je remercierai le docteur Richaud... — Si je pouvais colloquer à mon nouveau client une partie des volumes que j'achète à mes voleurs de livres, l'affaire serait plus riche encore... — C'est à voir... — Cet Américain arrive à Paris... Il ne sait rien de ce qui s'y passe... — Je puis m'avancer sans crainte...

Le déjeuner du bouquiniste n'était rien moins que somptueux.

Il se composait d'une soupe aux choux, d'un morceau de bœuf bouilli et d'un angle aigu de fromage de Brie.

— Menu frugal, mais hygiénique.. — murmura-t-il en entamant la soupe aux choux. — Avec ce régime je vivrai au moins quatre-vingt-dix ans... Je travaillerai jusqu'à soixante-dix, et ensuite j'irai manger mes petites rentes dans un village au bord de l'eau... et si madame ma sœur, qui aura depuis longtemps croqué ce qui lui reste, n'a pas mis la main sur la part d'héritage du comte de Thonnerieux, je serai assez vieille bête pour lui faire une place à côté de moi, quoiqu'elle ne puisse pas me souffrir...

« Décidément, si peu que je vaille, je vaux mieux qu'elle !

» Quant à son fils René, mon neveu, il n'aura besoin de rien puisqu'il se fait prêtre et, s'il part comme missionnaire dans les pays lointains, il aura besoin de moins encore, car avec sa frêle santé les fatigues du voyage le tueront !...

» Pauvre enfant, s'il avait eu une autre mère, une

bonne mère, elle aurait fait de lui un commerçant, un industriel, ou même un avocat comme son père...

» Il aurait pu vivre, et vivre heureux...

» Oui, mais voilà, le mirage de l'argent du comte a tout perdu...

» Allons, décidément, j'ai une drôle de sœur...

» Oh ! oui, pauvre René !... — mais, bah ! il ne s'agit pas de s'attendrir... — Ici-bas, chacun pour soi !

Et Antoine Fauvel, ayant achevé de déjeuner, retourna dans la pièce qui lui servait de magasin et de cabinet de travail.

— Ah diable ! — dit-il presque à voix haute en apercevant sur son bureau les *Mémoires du comte de Rochefort*, — quelle imprudence j'ai commise en laissant traîner ça !... il peut venir des curieux... des indiscrets... Je vais porter ce bouquin dans la chambre noire, avec le *Testament Rouge*.

Il prit le volume qu'il avait serré dans le tiroir de son bureau, et il ajouta :

— Quand j'aurai le temps, je tâcherai de découvrir le sens des mots soulignés à l'encre rouge... C'est peut-être très curieux... Mais il faut s'occuper des affaires d'abord...

Il fit craquer une allumette, enflamma la mèche d'une bougie et, se dirigeant vers l'un des nombreux rayons qui couvraient les parois de la chambre, il écarta deux ou trois volumes et posa son doigt sur un bouton de cuivre qu'ils cachaient.

Un craquement sec se fit entendre et un panneau d'une hauteur de deux mètres et d'une largeur d'un mètre et demi tourna sur ses gonds, avec les livres dont il était chargé, mettant à découvert une petite porte pratiquée dans la muraille.

Fauvel ouvrit cette porte et pénétra dans une pièce obscure, de dimensions très étroites, — trois mètres carrés environ, — et renfermant, outre un coffre-fort, une grande quantité de volumes d'apparence respectable.

— C'est là que dort ma modeste fortune, — murmura-t-il en jetant au coffre-fort un regard caressant, — et voilà de quoi l'augmenter, — ajouta-t-il en désignant les bouquins placés sur des étagères. — Le moindre de ces volumes vaut son pesant d'or... Quelques-uns valent leur poids en billets de banque.

Il rangea respectueusement à côté des autres les deux livres qu'il apportait, sortit de la chambre noire, éteignit la bougie, referma la porte, fit reprendre sa place au panneau mobile, alla se rasseoir à son bureau et se remit au travail.

A peine avait-il eu le temps d'écrire deux courtes

lettres, lorsque la sonnette de l'antichambre fut ébranlée de nouveau.

— Décidément, — fit-il, c'est le jour des visites. — Pas commode de travailler aujourd'hui.

Et il se leva pour aller ouvrir.

FIN DU TOME DEUXIÈME ET DE LA PREMIÈRE PARTIE

ÉMILE COLIN. — IMPRIMERIE DE LAGNY

www.ingramcontent.com/pod-product-compliance
Lightning Source LLC
Chambersburg PA
CBHW070824170426
43200CB00007B/894